First Irish Reader for Beginners Gaeilge

Orla McKenna

First Irish Reader for Beginners Gaeilge

Beginner Elementary (A1 A2)
Bilingual for Speakers of English

LANGUAGE
PRACTICE
PUBLISHING

First Irish Reader for Beginners Gaeilge
by Orla McKenna

Graphics: Audiolego Design

Copyright © 2023 Language Practice Publishing

Copyright © 2023 Audiolego

Table of contents

Beginner Course

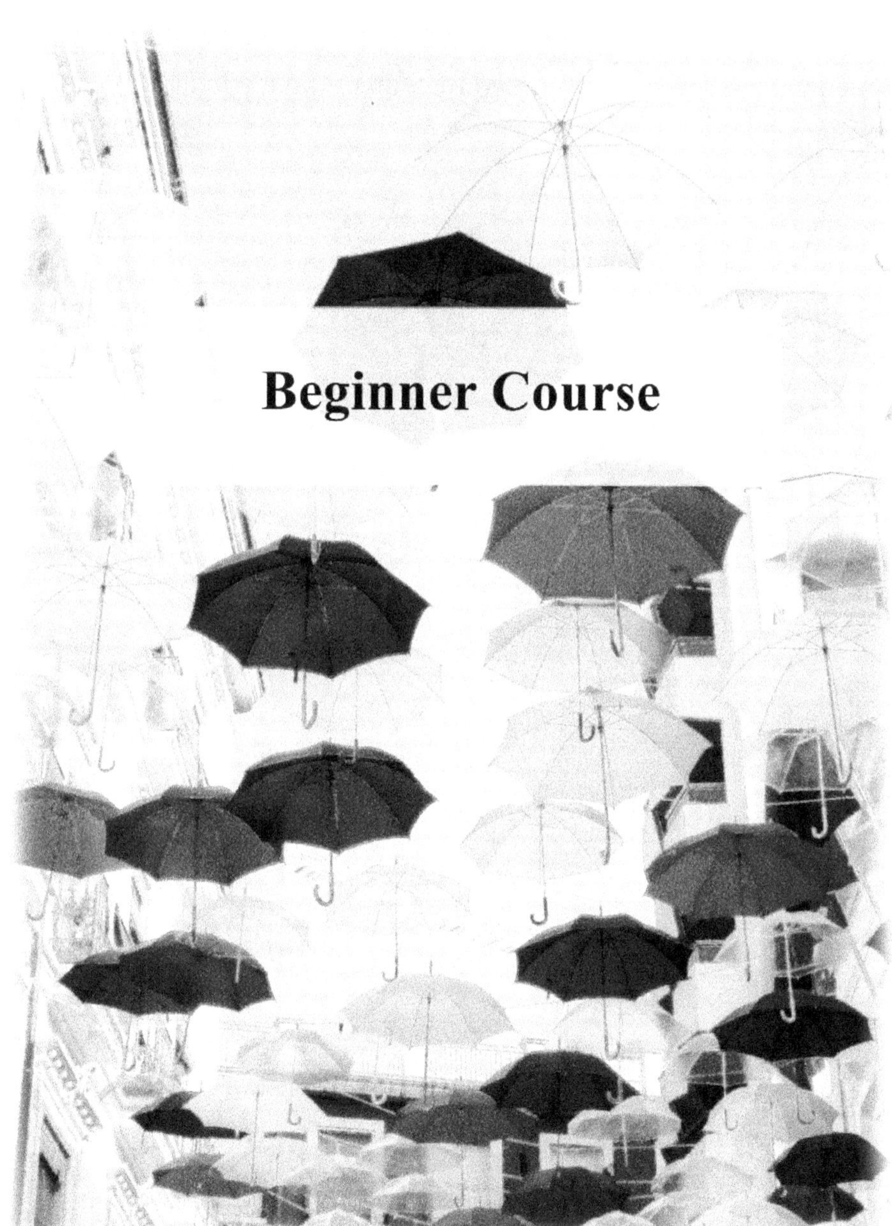

Audio tracks

The book is equipped with the audio tracks. With the help of QR codes, call up an audio file in no time, without typing a web address manually. VLC media player is recommended to control the playback speed.

Irish alphabet

Letters and letter names

The traditional Irish alphabet (*áibítir*) consists of 18 letters: ⟨a, b, c, d, e, f, g, h, i, l, m, n, o, p, r, s, t, u⟩. It does not contain ⟨j, k, q, v, w, x, y, z⟩, although they are used in scientific terminology and modern loanwords/words of foreign origin.

Vowels may be accented with an acute accent (⟨á, é, í, ó, ú⟩; see below).

English letter names are generally used in colloquial and formal speech but there are modern Irish letter names (based on the original Latin names), similar to other languages that use a Latin script alphabet. Tree names were historically used to name the letters. Tradition taught that they all derived from the names of Ogham letters, though it is now known that only some of the earliest were named after trees.

Letter	Name	Name (IPA)	Tree Name (Bríatharogam)
Aa	*á* [a]	/aː/	*ailm* (pine)
Bb	*bé*	/bʲeː/	*beith* (birch)
Cc	*cé*	/ceː/	*coll* (hazel)
Dd	*dé*	/dʲeː/	*dair* (oak)
Ee	*é* [a]	/eː/	*eadhadh* (poplar)
Ff	*eif*	/ɛfʲ/	*fearn* (alder)
Gg	*gé*	/ɟeː/	*gort* (ivy)
Hh	*héis*	/heːʃ/	*uath* (hawthorn)
Ii	*í* [a]	/iː/	*iodhadh* (yew)
Jj	*jé*	/dʒeː/	
Kk	*cá*	/kaː/	
Ll	*eil*	/ɛlʲ/	*luis* (rowan)
Mm	*eim*	/ɛmʲ/	*muin* (vine)
Nn	*ein*	/ɛnʲ/	*nion* (ash)
Oo	*ó* [a]	/oː/	*onn* (gorse)
Pp	*pé*	/pʲeː/	*ifín* (gooseberry or thorn)

			peith (dwarf alder)
Qq	*cú*	/kuː/	
Rr	*ear*	/aɾˠ/	*ruis* (elder)
Ss	*eas*	/asˠ/	*sail* (willow)
Tt	*té*	/tʲeː/	*tinne* (holly)
Uu	*ú* [a]	/uː/	*úr* (heather)
Vv	*vé*	/vʲeː/	
Ww	*wae*	/weː/	
Xx	*eacs*	/ɛksˠ/	
Yy	*yé*	/jeː/	
Zz	*zae*	/zˠeː/	

Consonants

The consonant letters generally correspond to the consonant phonemes as shown in this table. See Irish phonology for an explanation of the symbols used and Irish initial mutations for an explanation of eclipsis and lenition. In most cases, consonants are "broad" (velarised) when beside ⟨a, á, o, ó, u, ú⟩ and "slender" (palatalised) when beside ⟨e, é, i, í⟩.

	Letter(s)	Phoneme(s)			Example(s)
		U	C	M	
b	1	/bˠ/			*bain* /bˠanʲ/ "take" (imper.), *scuab* /sˠkuəbˠ/ "broom"
	2	/bʲ/			*béal* /bʲeːl̪ˠ/ "mouth", *cnáib* /kn̪ˠaːbʲ/ "hemp"
bh	1	/w/			*bhain* /wanʲ/ "took", *ábhar* /ˈaːwəɾˠ/ "material", *dubhaigh* /ˈd̪ˠʊwiː/ "blacken" (imper.), *taobh* /t̪ˠiːw/ "side", *dubh* /d̪ˠʊw/ "black"
	2	/vʲ/			*bhéal* /vʲeːl̪ˠ/ "mouth" (lenited), *cuibhreann* /ˈkɪvʲrʲən̪ˠ/ "common

				table", *aibhneacha* /ˈavʲnʲəxə/ "rivers", *sibh* /ʃɪvʲ/ "you" (pl.)
		See below for ⟨(e)abh, (e)obh, (i)ubh⟩		
bhf (eclipsis of ⟨f⟩)	1		/w/	*bhfuinneog* /ˈwɪnʲoːɡ/ "window" (eclipsed)
	2		/vʲ/	*bhfíon* /vʲiːn̪ˠ/ "wine" (eclipsed)
bp (eclipsis of ⟨p⟩)	1		/bˠ/	*bpoll* /bˠoːl̪ˠ/ "hole" (eclipsed)
	2		/bʲ/	*bpríosún* /ˈbʲɾʲiːsˠuːn̪ˠ/ "prison" (eclipsed)
c	1		/k/	*cáis* /kaːʃ/ "cheese", *mac* /mˠak/ "son"
	2		/c/	*ceist* /cɛʃtʲ/ "question", *mic* /mʲɪc/ "sons"
ch	1		/x/	*cháis* /xaːʃ/ "cheese" (lenited), *taoiseach* /ˈt̪ˠiːʃəx/ "chieftain"
	2	before ⟨t⟩		*boichte* /bˠɔxtʲə/ "poorer"
		usually	/ç/	*cheist* /çɛʃtʲ/ "question" (lenited), *deich* /dʲɛç/ "ten", *oíche* /ˈiːçə/ "night"
d	1		/d̪ˠ/	*dorn* /d̪ˠoːɾˠn̪ˠ/ "fist", *nead* /nʲad̪ˠ/ "nest"
	2		/dʲ/	*dearg* /dʲaɾˠəg/ "red", *cuid* /kɪdʲ/ "part"
dh	1	initially	/ɣ/	*dhorn* /ɣoːɾˠn̪ˠ/ "fist" (lenited)
		after long vowels	silent	*ádh* /aː/ "luck"
	2	usually	/j/ /j/	*dhearg* /ˈjaɾˠəg/ "red" (lenited), *fáidh* /fˠaːj/ "prophet"
		finally	/ɟ/	
		See below for ⟨(e)adh, (a)idh, eidh, odh, oidh⟩.		

			IPA		Example
dt	1	eclipsis of ⟨t⟩	/d̪ˠ/		*dtaisce* /ˈd̪ˠaʃcə/ "treasure" (eclipsed)
		elsewhere	/t̪ˠ/		*troidte* /ˈt̪ˠɾˠɛtʲə/ "fought"
	2	eclipsis of ⟨t⟩	/dʲ/		*dtír* /dʲiːɾʲ/ "country" (eclipsed)
		elsewhere	/tʲ/		*goidte* /ˈgɛtʲə/ "stolen"
f	1		/fˠ/		*fós* /fˠoːsˠ/ "still", *graf* /gɾˠafˠ/ "graph"
	2		/fʲ/		*fíon* /fʲiːn̪ˠ/ "wine", *stuif* /sˠt̪ˠɪfʲ/ "stuff"
fh	silent				*fhuinneog* /ˈɪnʲoːg/ "window" (lenited), *fhíon* /iːn̪ˠ/ "wine" (lenited)
g	1		/g/		*gasúr* /ˈgasˠuːɾˠ/ "boy", *bog* /bˠɔg/ "soft"
	2		/ɟ/		*geata* /ˈɟat̪ˠə/ "gate", *carraig* /ˈkaɾˠəɟ/ "rock"
gc (eclipsis of ⟨c⟩)	1		/g/		*gcáis* /gaːʃ/ "cheese" (eclipsed)
	2		/ɟ/		*gceist* /ɟɛʃtʲ/ "question" (eclipsed)
gh	1	initially	/ɣ/		*ghasúr* /ˈɣasˠuːɾˠ/ "boy" (lenited)
		after long vowels	silent		*Eoghan* /ˈoːən̪ˠ/ (male name)
	2	usually	/j/	/j/	*gheata* /ˈjat̪ˠə/ "gate" (lenited), *dóigh* /d̪ˠoːj/ "way, manner"
		finally		/ɟ/	
	See below for ⟨(e)agh, (a)igh, eigh, ogh, oigh⟩.				
h			/h/		*hata* /ˈhat̪ˠə/ "hat", *na héisc* /nə heːʃc/ "the fish" (plur.)
j (loan consonant)			/dʒ/		*jab* /ˈdʒabˠ/ "job", *jíp* /dʒiːpʲ/ "jeep"
l	1	initially	usually	/l̪ˠ/	*luí* /l̪ˠiː/ "lying (down)"

				Value	Example
			lenited	/l/	
		elsewhere		/lˠ/ or /l̪ˠ/	
	2	initially	usually	/l̪ʲ/	*leisciúil* /ˈlʲɛʃcuːlʲ/ "lazy"
			lenited	/lʲ/	
		elsewhere		/lʲ/ or /l̪ʲ/	
ll	1			/l̪ˠ/	*poll* /pol̪ˠ/ "hole"
	2			/l̪ʲ/	*coill* /kəilʲ/ "woods"
m	1			/mˠ/	*mór* /mˠoːrˠ/ "big", *am* /aːmˠ/ "time"
	2			/mʲ/	*milis* /ˈmʲɪlʲəʃ/ "sweet", *im* /iːmʲ/ "butter"
mb (eclipsis of ⟨b⟩)	1			/mˠ/	*mbaineann* /ˈmˠanʲən̪ˠ/ "takes" (eclipsed)
	2			/mʲ/	*mbéal* /mʲeːl̪ˠ/ "mouth" (eclipsed)
mh	1			/w/	*mhór* /woːrˠ/ "big" (lenited), *lámha* /ˈl̪ˠaːwə/ "hands", *léamh* /lʲeːw/ "reading"
	2			/vʲ/	*mhilis* /ˈvʲɪlʲəʃ/ "sweet" (lenited), *uimhir* /ˈɪvʲərʲ/ "number", *nimh* /nʲɪvʲ/ "poison"
		See below for ⟨(e)amh, (e)omh, (i)umh⟩.			
n	1	initially	usually	/n̪ˠ/	*naoi* /n̪ˠiː/ "nine"
			lenited	/nˠ/	
		usually		/nˠ/ or /n̪ˠ/	
		after (non ⟨s(h)⟩) initial cons.		/rˠ/ /nˠ/	*mná* /mˠrˠaː/ "women", *cnaipe* /ˈkrˠapʲə/ "press"
	2	initially	usually	/n̪ʲ/	*neart* /nʲarˠtˠ/ "strength"
			lenited	/nʲ/	

		usually	/nʲ/ or /n̪ʲ/		
		after (non ⟨s(h)⟩) initial cons.	/rʲ/	/nʲ/	*gnéas* /ʄrʲeːsˠ/ "sex", *cníopaire* /ˈcrʲiːpˠərʲə/ "skinflint"
nc	1		/ŋk/		*ancaire* /ˈaŋkərʲə/ "anchor"
	2		/ɲc/		*rinc* /rˠɪɲc/ "dance"
nd (eclipsis of ⟨d⟩)	1		/n̪ˠ/		*ndorn* /n̪ˠoːrˠnˠ/ "fist" (eclipsed)
	2		/n̪ʲ/		*ndearg* /ˈnʲarˠəg/ "red" (eclipsed)
ng	1	eclipsis of ⟨g⟩	/ŋ/		*ngasúr* /ˈŋasˠuːrˠ/ "boy" (eclipsed)
		elsewhere	/ŋ(g)/		*long* /l̪ˠuːŋg/ "ship", *teanga* /ˈtʲaŋgə/ "tongue"
	2	eclipsis of ⟨g⟩	/ɲ/		*ngeata* /ˈɲat̪ˠə/ "gate" (eclipsed)
		elsewhere	/ɲ(ɟ)/		*cuing* /kɪɲɟ/ "yoke", *ingear* /ˈɪɲɟərˠ/ "vertical"
nn	1		/n̪ˠ/		*ceann* /caːn̪ˠ/ "head"
	2		/n̪ʲ/		*tinneas* /ˈtʲɪnʲəsˠ/ "illness"
p	1		/pˠ/		*poll* /pˠoːl̪ˠ/ "hole", *stop* /sˠt̪ˠɔpˠ/ "stop"
	2		/pʲ/		*príosún* /ˈpʲrʲiːsˠuːn̪ˠ/ "prison", *truip* /t̪ˠrˠɪpʲ/ "trip"
ph	1		/fˠ/		*pholl* /fˠoːl̪ˠ/ "hole" (lenited)
	2		/fʲ/		*phríosún* /ˈfʲrʲiːsˠuːn̪ˠ/ "prison" (lenited)
r	1		/rˠ/		*ruán* /ˈrˠuːaːn̪ˠ/ "buckwheat", *cumhra*

				/kuːrˠə/ "fragrant", *fuar* /fˠuərˠ/ "cold"
	2	initially		*rí* /rˠiː/ "king"
		before ⟨d, l, n, r, s, t, th⟩		*airde* /aːrˠdʲə/ "height", *duirling* /ˈd̪ˠuːrˠlʲənʲ/ "stony beach", *coirnéal* /ˈkoːrˠnʲeːl̪ˠ/ "corner", *cuairt* /kuərˠtʲ/ "visit", *oirthear* /ˈɔrˠhərˠ/ "east"
		after ⟨s⟩		*sreang* /sˠrˠaŋg/ "string"
		usually	/rʲ/	*tirim* /ˈtʲɪrʲəmʲ/ "dry", *fuair* /fˠuərʲ/ "got"
rr			/rˠ/	*carr* /kaːrˠ/ "car, cart"
s	1		/sˠ/	*Sasana* /ˈsˠasˠən̪ˠə/ "England", *tús* /t̪ˠuːsˠ/ "beginning"
	2	initially before ⟨f, m, p, r⟩		*sféar* /sˠfʲeːrˠ/ "sphere", *speal* /sˠpʲal̪ˠ/ "scythe", *sméar* /sˠmʲeːrˠ/ "blackberry", *sreang* /sˠrˠaŋg/ "string"
		usually	/ʃ/	*sean* /ʃan̪ˠ/ "old", *cáis* /kaːʃ/ "cheese"
sh			/h/	*Shasana* /ˈhasˠən̪ˠə/ "England" (lenited), *shiúil* /huːlʲ/ "walked"
t	1		/t̪ˠ/	*taisce* /ˈt̪ˠaʃcə/ "treasure", *ceart* /carˠt̪ˠ/ "correct"
	2		/tʲ/	*tír* /tʲiːrʲ/ "country", *beirt* /bʲɛrˠtʲ/ "two (people)"
th		usually	/h/	*thaisce* /ˈhaʃcə/ "treasure" (lenited), *theocht* /hoːxt̪ˠ/ "heat" (lenited), *athair* /ˈahərʲ/ "father"

	syllable-finally	silent	*bláth* /bˠl̟ˠaː/ "blossom", *cith* /cɪ/ "shower", *cothrom* /ˈkɔɾˠəmˠ/ "equal"
ts (mutation of ⟨s⟩- after *an* "the")	1	/t̪ˠ/	*an tsolais* /ən̪ˠ ˈt̪ˠɔl̪ˠəʃ/ "of the light"
	2	/tʲ/	*an tSín* /ənʲ tʲiːnʲ/ "China"
v (loan consonant)	1	/w/	*vóta* /ˈwoːt̪ˠə/ "vote"
	2	/vʲ/	*veidhlín* /ˈvʲəilʲiːnʲ/ "violin"
z (loan consonant)	1	/zˠ/	*zú* /zˠuː/ "zoo"
	2	/ʒ/	*Zen* /ʒɛnʲ/ "Zen"

Vowels

A rule states that the vowels on either side of any consonant must be both slender (⟨e, é, i, í⟩) or both broad (⟨a, á, o, ó, u, ú⟩), to unambiguously determine if the consonant(s) are broad or slender. An apparent exception is ⟨ae⟩, which is followed by a broad consonant despite the ⟨e⟩.

Pronunciation of vowels in Irish is mostly predictable from a few simple rules:

- Accented vowels (⟨á, é, í, ó, ú⟩) are always long vowels and in digraphs and trigraphs containing them, surrounding unaccented vowels tend to be silent, but there are several exceptions, e.g. when preceded by two unaccented vowels.

- Accented vowels in succession are both pronounced, e.g. *séú* /ˈʃeːuː/ "sixth", *ríúil* /ˈrˠiːuːlʲ/ "royal, kingly, majestic", *báíocht* /ˈbˠaːiːxt̪ˠ/ "sympathy", etc.

- Unstressed short vowels are reduced to

- ⟨i⟩ is silent before ⟨u, ú⟩ and after a vowel (except sometimes in ⟨ei, oi, ui⟩).

- ⟨e⟩ is silent before a broad vowel.

- 〈io, oi, ui〉 have multiple pronunciations that depend on adjacent consonants.

- A following 〈rd, rl, rn, rr〉 lengthens some vowels and in Munster and Connacht a following syllable-final 〈ll, nn〉 or word-final 〈m, ng〉 may lengthen or diphthongise some vowels depending on dialect.

Letter(s)			Phoneme(s)			Example(s)
			U	**C**	**M**	
a	1	usually	/a/			*fan* /fˠan̪ˠ/ "stay" (imper.)
		before 〈rd, rl, rn, rr〉	/aː/			*garda* /ˈgaːɾˠd̪ˠə/ "policeman", *tarlú* /ˈt̪ˠaːɾˠl̪ˠuː/ "happening", *carnán* /ˈkaːɾˠn̪ˠaːn̪ˠ/ "(small) heap", *barr* /bˠaːɾˠ/ "tip, point"
		before syllable-final 〈ll, nn〉 and -〈m〉	/a/	/aː/	/əu/	*mall* /mˠaːl̪ˠ/ "slow, late", *ann* /aːn̪ˠ/ "there", *am* /aːmˠ/ "time"
	2		/ə/			*ólann* /ˈoːl̪ˠən̪ˠ/ "drink" (present), *mála* /ˈmˠaːl̪ˠə/ "bag"
á, ái			/aː/			*bán* /bˠaːn̪ˠ/ "white", *dáil* /d̪ˠaːlʲ/ "assembly", *gabháil* /ˈgawaːlʲ/ "taking"
ae, aei			/eː/			*Gaelach* /ˈgeːl̪ˠəx/ "Gaelic", *Gaeilge* /ˈgeːlʲɟə/ "Irish (language)"
ai	1	usually	/a/			*baile* /ˈbˠalʲə/ "home"
		before 〈rd, rl, rn, rr〉	/aː/			*airne* /aːɾˠnʲə/ "sloe", *airde* /aːɾˠdʲə/ "height"
		before syllable-final 〈ll, nn〉	/a/	/aː/	/əi/	*caillte* /ˈkaːlʲtʲə/ "lost, ruined", *crainn* /kɾˠaːnʲ/ "trees"
	2		/ə/			*eolais* /ˈoːl̪ˠəʃ/ "knowledge" (genitive)
aí, aío			/iː/			*maígh* /mˠiːj/ "claim" (imper.), *gutaí* /ˈgʊt̪ˠiː/ "vowels", *naíonán* /ˈn̪ˠiːn̪ˠaːn̪ˠ/ "infant",

						beannaíonn /'bʲaN̪ˠiːN̪ˠ/ "blesses"
ao		usually	/iː/	/eː/		*saol* /sˠiːlˠ/ "life"
aoi			/iː/			*gaois* /ɡiːʃ/ "shrewdness", *naoi* /'N̪ˠiː/ "nine"
aoú			/iː.uː/	/eː.uː/		*naoú* /'N̪ˠiːuː/ "ninth"
e, ei	1	usually	/ɛ/			*te* /tʲɛ/ "hot", *ceist* /cɛʃtʲ/ "question"
		before ⟨rd, rl, rn⟩	/eː/			*eirleach* /'eːɾˠlʲəx/ "destruction", *ceirnín* /'ceːɾˠnʲiːnʲ/ "record album", *ceird* /ceːɾˠdʲ/ "trade, craft"
		before ⟨m, mh, n⟩	/ɪ/			*creimeadh* /'cɾʲɪmʲə/ "corrosion, erosion", *sceimhle* /'ʃcɪvʲlʲə/ "erroded", *seinm* /'ʃɪnʲəmʲ/ "playing"
		before syllable-final ⟨nn⟩ and -⟨m⟩	/ɪ/	/iː/	/əi/	*greim* /ɟɾʲiːmʲ/ "grip"
	2		/ə/			*míle* /'mʲiːlʲə/ "thousand"
é, éa, éi			/eː/			*sé* /ʃeː/ "he", *déanamh* /'dʲeːN̪ˠəw/ "doing", *buidéal* /'bˠɪdʲeːlˠ/ "bottle", *scéimh* /ʃceːvʲ/ "beauty", *páipéir* /'pˠaːpʲeːɾʲ/ "papers
ea, eai	1	usually	/a/			*bean* /bʲaN̪ˠ/ "woman", *veain* /vʲanʲ/ "van"
		before ⟨rd, rl, rn, rr⟩	/aː/			*ceardaí* /caːɾˠd̪ˠiː/ "craftsman", *bearna* /'bʲaːɾˠN̪ˠə/ "gap", *fearr* /fʲaːɾˠ/ "better"
		before syllable-final ⟨ll, nn⟩	/a/	/aː/	/əu/	*feall* /fʲaːlˠ/ "treachery", *feanntach* /'fʲaːN̪ˠt̪ˠəx/ "severe"
	2		/ə/			*seisean* /'ʃɛʃəN̪ˠ/ "he" (emphatic)

eá, eái			/aː/			*Seán* /ʃaːn̪ˠ/ "John", *caisleán* /ˈkaʃlʲaːn̪ˠ/ "castle", *meáin* /mʲaːnʲ/ "middles", *caisleáin* /ˈkaʃlʲaːnʲ/ "castles"
eo, eoi		usually	/oː/			*ceol* /coːl̪ˠ/ "music", *dreoilín* /ˈdʲɾʲoːlʲiːnʲ/ "wren"
		in four words	/ɔ/			anseo /ənʲˈʃɔ/ "here", deoch /dʲɔx/ "drink", eochair /ˈɔxəɾʲ/ "key", seo /ˈʃɔ/ "this"
i	1	usually	/ɪ/			*pic* /pʲɪc/ "pitch", *ifreann* /ˈɪfʲɾʲən̪ˠ/ "hell"
		before syllable-final ⟨ll, nn⟩ and -⟨m⟩	/ɪ/	/iː/		*cill* /ciːlʲ/ "church", *cinnte* /ˈciːnʲtʲə/ "sure", *im* /iːmʲ/ "butter"
	2	usually	/ə/			*faoistin* /ˈfˠiːʃtʲənʲ/ "confession"
		finally	/ɪ/			*aici* /ˈɛcɪ/ "at her"
í, ío			/iː/			*gnímh* /ɟnʲiːvʲ/ "act, deed" (gen.), *cailín* /ˈkalʲiːnʲ/ 'girl', *síol* /ʃiːl̪ˠ/ "seed"
ia, iai			/iə/			*Diarmaid* /dʲiərmədʲ/ "Dermot", *bliain* /bʲlʲiənʲ/ "year"
iá, iái			/iːaː/			*bián* /ˈbʲiːaːn̪ˠ/ "size", *liáin* /ˈlʲiːaːnʲ/ "trowel" (gen.)
io		before ⟨d, n, r, s, t, th⟩	/ɪ/			*fios* /fˠɪsˠ/ "knowledge", *bior* /bʲɪɾˠ/ "spit, spike", *cion* /cɪn̪ˠ/ "affection", *giota* /ˈɟɪt̪ˠə/ "bit, piece", *giodam* /ˈɟɪd̪ˠəmˠ/ "restlessness", *friotháil* /ˈfʲɾʲihaːlʲ/ "attention"
		before ⟨b, c, g, m, ng, p⟩	/ɪ/	/ʊ/		*siopa* /ˈʃʊpˠə/ "shop", *liom* /lʲʊmˠ/ "with me", *tiocfaidh* /ˈtʲʊkiː/ "will come", *Siobhán* /ˈʃʊwaːn̪ˠ/ "Joan", *briogáid* /ˈbʲɾʲʊgaːdʲ/ "brigade", *tiomáin*

						/'tʲʊmaːnʲ/ "drive" (imper.), *ionga* /'ʊŋgə/ "(finger)nail"
		before syllable-final ⟨nn⟩	/ʊ/	/uː/		*fionn* /fʲʊn̪ˠ/ "light-haired"
ió, iói			/iːoː/			*sióg* /'ʃiːoːg/ "fairy", *pióg* /'pʲiːoːg/ "pie", *grióir* /'ɟrʲiːoːrʲ/ "weakling"
iu			/ʊ/			*fliuch* /fʲlʲʊx/ "wet"
iú, iúi			/uː/			*siúl* /ʃuːl̪ˠ/ "walk", *bailiú* /'bˠalʲuː/ "gathering", *ciúin* /cuːnʲ/ "quiet", *inniúil* /'ɪnʲuːlʲ/ "able, fit"
o	1	usually	/ɔ/			*post* /pˠɔsˠt̪ˠ/ "post"
		before ⟨rd, rl, rn⟩	/oː/			*bord* /bˠoːrˠd̪ˠ/ "table", *orlach* /'oːrˠl̪ˠəx/ "inch"
		before ⟨n, m⟩	/ɔ/	/ʊ/		*conradh* /'kʊn̪ˠrˠə/ "agreement", *cromóg* /'krˠʊmˠoːg/ "hooked nose"
		before syllable-final ⟨nn⟩ and -⟨m, ng⟩		/uː/	/əu/	*fonn* /fˠuːn̪ˠ/ "desire, inclination" *trom* /t̪ˠrˠuːmˠ/ "heavy", *long* /l̪ˠuːŋg/ "ship"
	2		/ə/			*mo* /mˠə/ "my", *cothrom* /'kɔrˠəmˠ/ "equal"
ó, ói			/oː/			*póg* /pˠoːg/ "kiss", *armónach* /'arˠəmˠoːn̪əx/ "harmonic", *móin* /mˠoːnʲ/ "sod, turf", *bádóir* /'bˠaːd̪ˠoːrʲ/ "boatman"
oi	1	usually	/ɛ/			*scoil* /sˠkɛlʲ/ "school", *troid* /t̪ˠrˠɛdʲ/ "fight" (imper.), *toitín* /'t̪ˠɛtʲiːnʲ/ "cigarette", *oibre* /'ɛbʲrʲə/ "work" (gen.), *thoir* /hɛrʲ/ "in the east", *cloiche* /'kl̪ˠɛçə/ "stone" (gen.)

		before ⟨cht, rs, rt, rth, s⟩	/ɔ/			*cois* /kɔʃ/ "foot" (dat.), *cloisfidh* /ˈkl̪ˠɔʃiː/ "will hear", *boicht* /bˠɔxtʲ/ "poor" (gen. sg. masc.), *doirse* /ˈd̪ɔɾˠʃə/ "doors", *goirt* /gɔɾˠtʲ/ "salty", *oirthear* /ˈɔɾˠhəɾˠ/ "east"
		before ⟨rd, rl, rn⟩	/oː/			*coirnéal* /ˈkoːɾˠnʲeːl̪ˠ/ "corner", *oird* /oːɾˠdʲ/ "sledgehammers"
		next to ⟨n, m, mh⟩	/ɪ/			*anois* /əˈn̪ˠɪʃ/ "now", *gloine* /ˈgl̪ˠɪnʲə/ "glass", *cnoic* /kn̪ˠɪc/ "hills", *roimh* /ɾˠɪvʲ/ "before", *coimeád* /ˈkɪmʲaːd̪ˠ/ "keep" (imper.), *loinge* /ˈl̪ˠɪɲʝə/ "ship" (gen.)
		before syllable-final ⟨nn⟩ and -⟨m⟩	/ɪ/	/iː/		*foinn* /fˠiːnʲ/ "wish" (gen.), *droim* /d̪ˠɾˠiːmʲ/ "back"
		before syllable-final ⟨ll⟩		/əi/	/iː/	*goill* /gəilʲ/ "grieve, hurt", *coillte* /ˈkəilʲtʲə/ "forests"
	2		/ə/			*éadroime* /eːdrəmʲə/ "lightness"
oí, oío			/iː/			*croíleacán* /ˈkɾˠiːlʲəkaːn̪ˠ/ "core", *croíonna* /ˈkɾˠiːn̪ˠə/ "hearts"
u	1	usually	/ʊ/			*dubh* /d̪ˠʊw/ "black"
		before ⟨rd, rl, rn⟩	/uː/			*burla* /ˈbˠuːɾˠl̪ˠə/ "bundle", *murnán* /ˈmˠuːɾˠn̪ˠaːn̪ˠ/ "ankle"
		in English loanwords	/ɔ/ or /ʊ/			*bus* /bˠɔsˠ/, *club* /kl̪ˠɔbˠ/
	2	usually	/ə/			*agus* /ˈagəsˠ/ "and"
		finally	/ʊ/			*orthu* /ˈɔɾˠhʊ/ "on them"
ú, úi			/uː/			*tús* /t̪ˠuːsˠ/ "beginning", *súil* /suːlʲ/ "eye", *cosúil* /ˈkɔsˠuːlʲ/ "like, resembling"

ua, uai			/uə/		*fuar* /fˠuərˠ/ "cold", *fuair* /fˠuərʲ/ "got"
uá, uái			/uː.aː/		*ruán* /ˈrˠuːaːn̠ˠ/ "buckwheat", *duán* /ˈd̪ˠuːaːn̠ˠ/ "kidney, fishhook", *fuáil* /ˈfˠuːaːlʲ/ "sewing, stitching"
ui	1	usually	/ɪ/		*duine* /ˈd̪ˠɪnʲə/ "person"
		before ⟨rd, rl, rn⟩	/ɪ/	/uː/	*duirling* /ˈd̪ˠuːɾˠlʲən̠ʲ/ "stony beach", *tuirne* /ˈt̪ˠuːɾˠnʲə/ "spinning wheel"
		before syllable-final ⟨ll, nn⟩ and -⟨m⟩		/iː/	*tuillteanach* /ˈt̪ˠiːlʲtʲən̠ˠəx/ "deserving", *puinn* /pˠiːnʲ/ "much", *suim* /sˠiːmʲ/ "interest"
	2		/ə/		*aguisín* /ˈagəʃiːnʲ/ "addition"
uí, uío			/iː/		*buígh* /bˠiːj/ "turn yellow" (imper.), *buíon* /bˠiːn̠ˠ/ "band, troop"
uó, uói			/uː.oː/		*cruóg* /ˈkɾˠuːoːg/ "urgent need", *luóige* /ˈl̠ˠuːoːɟə/ "pollock" (gen.)

Followed by ⟨bh, dh, gh, mh⟩

When followed by ⟨bh, dh, gh, mh⟩, a stressed vowel usually forms a diphthong or lengthens.

Letters		Phoneme(s)			Example(s)
		U	C	M	
(e)abh, (e)abha, (e)abhai		/oː/ or /əu/	/əu/		*Feabhra* /ˈfʲəurˠə/ "February", *leabhair* /lʲəurʲ/ "books", *sabhall* /ˈsˠəul̪ˠ/ "barn"
(e)adh, (e)adha, (e)adhai, (e)agh,	1	/eː/ or /əi/	/əi/		*meadhg* /mʲəig/ "whey", *meadhg* /əirˠk/ "whey", *adhairt* /əirˠtʲ/ "pillow", *saghsanna* /ˈsˠəisˠən̠ˠə/ "sorts, kinds", *deagha* /d̪ˠəi/

(e)agha, (e)aghai					"century", *aghaidh* /əij/ "face"
	2	/uː/	/ə/		*margadh* /'mˠarˠəgə/ "market", *briseadh* /'bʲrʲɪʃə/ "breaking"
aidh, aidhe, aigh, aighe, aighea	1	/əi/			*aidhleann* /əilʲən̪ˠ/ "rack", *aidhe* /əi/ "aye!", *aighneas* /əinʲəsˠ/ "argument, discussion", *aighe* /əi/ "cow, ox" (gen.), *caighean* /kəin̪ˠ/ "cage"
	2	/iː/	/ə/	/əɬ/	*tuillidh* /'t̪ˠɪlʲiː/ "addition" (gen.), cleachtaidh /'clʲaxt̪ˠiː/ "practice" (gen.), *coiligh* /'kɛlʲiː/ "rooster" (gen.), *bacaigh* /'bˠakiː/ "beggar" (gen.)
(e)amh, (e)amha, (e)amhai	1	/əu/			*ramhraigh* /'rˠəurˠiː/ "fattened", *amhantar* /'əun̪ˠt̪ˠərˠ/ "venture", <u>*Samhain*</u> /sˠəunʲ/ "November"
	2	/uː/	/ə(w)/	/əw/	*acadamh* /'akəd̪ˠəw/ "academy", *creideamh* /'crʲɛdʲəw/ "belief, religion"
eidh, eidhea, eidhi		/eː/	/əi/		*feidhm* /fʲəimʲ/ "function", *eidheann* /əin̪ˠ/ "ivy", *meidhir* /mʲəirʲ/ "mirth"
eigh, eighea, eighi					*feighlí* /'fʲəilʲiː/ "overseer", *leigheas* /lʲəisˠ/ "healing", *feighil* /fʲəilʲ/ "vigilance"
oidh, oidhea, oidhi		/əi/			*oidhre* /əirʲə/ "heir", *oidheanna* /əin̪ˠə/ "tragedies"
oigh, oighea, oighi					*oighreach* /əirʲəx/ "glacial", *oigheann* /əin̪ˠ/ "oven", *loighic* /l̪ˠəic/ "logic"

(e)obh, (e)obha, (e)obhai	/o:/	/əu/		*lobhra* /l̪ˠəurˠə/ "leprosy", *lobhar* /l̪ˠəurˠ/ "leper", *lobhair* /l̪ˠəurʲ/ "lepers"
(e)odh, (e)odha, (e)odhai				*bodhrán* /bˠəurˠaːn̪ˠ/ "dun coloured animal", *bodhar* /bˠəurˠ/ "deaf", *bodhair* /bˠəurʲ/ "deaf people"
(e)ogh, (e)ogha, (e)oghai				*doghra* /ˈd̪ˠəurˠə/ "misery", *bogha* /bˠəu/ "bow", *broghais* /bˠrˠəuʃ/ "afterbirth (of animal)"
(e)omh, (e)omha, (e)omhai	/o:/			*Domhnach* /ˈd̪ˠoːn̪ˠəx/ "Sunday", *comhar* /koːrˠ/ "partnership", *domhain* /d̪ˠoːnʲ/ "erth, world"
(i)ubh	/u:/	/ʊ(w)/	/ʊw/	*dubh* /d̪ˠʊw/ "black", *tiubh* /tʲʊw/ "dense"
(i)umh, (i)umha, (i)umhai	/u:/			*cumhra* /kuːrˠə/ "fragrant", *Mumhan* /ˈmˠuːn̪ˠ/ "Munster" (gen.), *ciumhais* /cuːʃ/ "edge"

Diacritics

The acute accent (⟨◌́⟩; *agúid* or *(síneadh) fada* "long (sign)")[a] is used to indicate a long vowel, as in *bád* /bˠaːd̪ˠ/ "boat". However, there are other conventions to indicate a long vowel, such as:

- A following ⟨rd, rl, rn, rr⟩, e.g. *ard* /aːrˠd̪ˠ/ "high", *eirleach* /ˈeːrˠlʲəx/ "destruction", *dorn* /d̪ˠoːrˠn̪ˠ/ "fist", and, in Connacht, a word-final ⟨m⟩, e.g. *am* /aːmˠ/ "time".

- The digraphs ⟨ae, ao, eo⟩, e.g. *aerach* /ˈeːrˠəx/ "gay", *maol* /mˠiːl̪ˠ/ "bare", *ceol* /coːl̪ˠ/ "music".

- The tri/tetragraphs ⟨omh(a), umh(a)⟩, e.g. *comharsa* /ˈkoːrˠsˠə/ "neighbour", *Mumhain* /mˠuːnʲ/ "Munster".

- ⟨i⟩ and ⟨u⟩ before ⟨á⟩ or ⟨ó⟩, e.g. *fiáin* "wild", *ruóg* /ˈrˠuːoːg/ "twine".

The overdot (⟨◌̇⟩; *ponc séimhithe* "dot of lenition", *buailte* "struck", or *séimhiú* "lenition") was traditionally used to indicate lenition, though

An Caighdeán uses a following ⟨h⟩ for this purpose. In Old Irish, it was only used for ⟨ḟ, ṡ⟩, while the following ⟨h⟩ was used for ⟨ch, ph, th⟩ and the lenition of other letters was not indicated. Later the two methods were used in parallel to represent the lenition of any consonant and competed with each other until the standard practice became to use the overdot in Gaelic type and the following ⟨h⟩ in Roman type. Thus ⟨ḃ, ċ, ḋ, ḟ, ġ, ṁ, ṗ, ṡ, ṫ⟩ are equivalent to ⟨bh, ch, dh, fh, gh, mh, ph, sh, th⟩.

Lowercase ⟨i⟩ has no tittle in Gaelic type, and road signs in the Republic of Ireland. However, as printed and electronic material like books, newspapers and web pages use Roman type almost invariably, the tittle is generally shown. Irish does not graphemically distinguish dotted i and dotless ı, i.e. they are not different letters as they are in, e.g. Turkish and Azeri.

1

Tá madra ag Robert

Robert has a dog

 **A**

Focail

Words

1. a - his; a leaba - his bed
2. ag - have; tá aige/aici/('it' is also either 'aige' or aici') - he/she/it has; Tá leabhar aige - He has a book.
3. agus - and
4. aon - one
5. beag - little
6. boird - tables
7. bord - table
8. cat - cat
9. ceathar - four
10. chomh maith - also
11. dalta - student
12. daltaí - students
13. deas - nice
14. dubh - black
15. é seo - this; an leabhar seo - this book
16. focail - words

17. focal - word
18. fuinneog - window
19. fuinneoga - windows
20. glas - green
21. go leor, scata, an-chuid - many, much
22. gorm - blue
23. iad seo, iad siúd - these, those (pl.)
24. leaba - bed
25. leabhair nótaí - notebooks
26. leabhar - book
27. leabhar nótaí - notebook
28. leapacha - beds
29. madra - dog
30. mo - my
31. mór - big
32. ní - not
33. nua - new
34. óstáin - hotels
35. óstán - hotel
36. páirc - park or field
37. páirceanna - parks or fields
38. peann - pen
39. pinn - pens
40. réalt - star
41. rothar - bike
42. sé - he
43. seomra - room
44. seomraí - rooms
45. siad - they
46. sin - that
47. siopa - shop
48. siopaí - shops
49. sráid - street
50. sráideanna - streets
51. srón - nose
52. súil - eye
53. súile - eyes
54. taibhreamh - dream
55. táim - I am
56. téacs - text

 **B**

1.Tá leabhar ag an dalta seo.

2.Tá peann aige chomh maith.

3.Tá go leor sráideanna agus páirceanna i San Francisco. 4.Tá óstáin agus siopaí nua sa sráid seo.

1.This student has a book.

2.He has a pen too.

3.San Francisco has many streets and parks. 4.This street has hotels and new shops.

Tá ceithre réalt ag an n-óstán seo.
6.Tá go leor seomraí deas mór ag an n-óstán seo.

7.Tá go leor fuinneoga ag an seomra sin. 8.Agus níl morán fuinneoga ag na seomraí seo. 9.Tá ceithre leapacha sna seomraí seo. 10. Agus tá leaba amháin ag na seomraí seo. 11.Nil morán boird ag an seomra sin. 12.Agus tá go leor boird móra sna seomraí sin. 13.Nil aon óstáin ar an sráid seo. 14.Tá go leor fuinneoga sa siopa mór sin.

15.Tá leabhair nótaí ag na daltaí seo. 16.Tá pinn acu chomh maith. 17.Tá leabhar nótaí beag dubh amháin ag Robert. 18.Tá ceithre leabhair nótaí glas nua ag Paul. 19.Tá rothar ag an ndalta seo. 20.Tá rothar nua gorm aige. 21.Tá

5.This hotel has four stars.
6.This hotel has many nice big rooms.

7.That room has many windows. 8.And these rooms do not have many windows. 9.These rooms have four beds. 10.And those rooms have one bed. 11.That room does not have many tables. 12.And those rooms have many big tables. 13.This street does not have hotels. 14.That big shop has many windows.

15.These students have notebooks. 16.They have pens too. 17.Robert has one little black notebook. 18.Paul has four new green notebooks. 19.This student has a bike. 20.He has a new blue bike.

rothar ag David chomh maith. 22.Tá rothar deas dubh aige. 23.Tá taibreamh ag Paul. 24.Tá taibhreamh agam chomh maith.

25.Nil madra agam. 26.Tá cat agam. 27.Tá súile deas glas ag mo chat. 28.Nil cat ag Robert. 29.Tá madra aige. 30.Tá srón beag dubh ag a mhadra.

Words

21.David has a bike too. 22.He has a nice black bike. 23.Paul has a dream. 24.I have a dream too.

25.I do not have a dog. 26.I have a cat. 27.My cat has nice green eyes. 28.Robert does not have a cat. 29.He has a dog. 30.His dog has a little black nose.

Text

2

Maireann siad i San Francisco (SAM)
They live in San Francisco (the USA)

A

Focail
Words

1. anois - now
2. cathair - city
3. Ceanada - Canada
4. Ceanadach - Canadian
5. ceannaigh - buy
6. ceapaire - sandwich
7. deartháir - brother
8. deirfiúr - sister
9. dó - two
10. Gearmánach - German
11. i - in
12. mair - live
13. máthair - mother
14. Meiriceánach - American
15. mór - big
16. ó - from; ó Stáit Aontaithe Mheiriceá (SAM) - from the USA
17. ocras - hungry, tá ocras orm - I am hungry
18. ollmhargadh - supermarket

19. SAM - USA
20. sí - she

21. sinne - we
22. tusa - you

 **B**

1.Cathair mhór is ea San Francisco. 2.Tá San Francisco i SAM.

3.Is é seo Robert. 4.Dalta is ea Robert. 5.Tá sé i San Francisco anois. 6.Tá Robert ón nGearmáin. 7.Gearmánach is ea é. 8.Tá máthair, athair, deartháir, agus deirfiúr ag Robert. 9.Maireann siad sa Ghearmáin.

10.Is e seo Paul. 11.Dalta is ea Paul chomh maith. 12.Tá sé ó Cheanada. 13.Ceanadach is ea é. 14.Tá deartháir, athair, agus beirt deirfiúr ag Paul. 15.Maireann siad i gCeanada.

1.San Francisco is a big city. 2.San Francisco is in the USA.

3.This is Robert. 4.Robert is a student. 5.He is in San Francisco now. 6.Robert is from Germany. 7.He is German. 8.Robert has a mother, a father, a brother and a sister. 9.They live in Germany.

10.This is Paul. 11.Paul is a student too. 12.He is from Canada. 13.He is Canadian. 14.Paul has a mother, a father and two sisters. 15.They live in Canada.

16.Tá Robert agus Paul in ollmhargadh anois. 17.Tá ocras orthu. 18.Ceanaíonn siad ceapairí.

16.Robert and Paul are in a supermarket now. 17.They are hungry. 18.They buy sandwiches.

19.Is é seo Linda. 20.Meirceánach is ea Linda. 21.Maireann Linda i San Francisco. 22.Ní dalta í.

19.This is Linda. 20.Linda is American. 21.Linda lives in San Francisco too. 22.She is not a student.

23.Dalta is ea mé. 24.Táim ón nGearmáin. 25.Táim i San Francisco anois. 26.Níl ocras orm.

23.I am a student. 24.I am from Germany. 25.I am in San Francisco now. 26.I am not hungry.

27.Dalta is ea tusa. 28.Gearmánach is ea tusa. 29.Níl tú sa Ghearmáin anois. 30.Tá tú i SAM.

27.You are a student. 28.You are German. 29.You are not in Germany now. 30.You are in the USA.

31.Daltaí is ea sinne. 32.Táimid i SAM anois.

31.We are students. 32.We are in the USA now.

33.Rothar is ea é seo. 34.Tá an rothar gorm. 35.Ní rothar nua é.

33.This is a bike. 34.The bike is blue. 35.The bike is not new.

36.Madra is ea é seo. 37.Tá an madra seo dubh. 38.Níl an madra mór.

39.Seo siopaí. 40.Níl na siopaí mór. 41.Tá siad beag. 42.Tá go leor fuinneoga ag an siopa sin. 43.Nil morán fuinneoga ag na siopaí sin.

44.Tá an cat sin isteach sa sheomra. 45.Nil na cait sin isteach sa sheomra.

36.This is a dog. 37.The dog is black. 38.The dog is not big.

39.These are shops. 40.The shops are not big. 41.They are little. 42.That shop has many windows. 43.Those shops do not have many windows.

44.That cat is in the room. 45.Those cats are not in the room.

Words

Text

3

An nGearmánaigh iad?

Are they Germans?

 A

Focail

Words

1. a - her; a leabhar - her book
2. ag - at
3. ainmhí - animal
4. ar - on
5. ár - our
6. bean - woman
7. buachaill - boy
8. cá - where
9. caife - café
10. conas - how
11. é/í - it (masculine/feminine)
12. fear - man
13. go léir - all
14. mapa - map
15. níl - no
16. sea - yes

17. seinnteoir dlúthdhioscaí
- CD player
18. Spáinnish - Spanish

19. teach - house
20. tusa - you

B

1

- Buachaill is ea mé. Táim sa sheomra.
- An Meiriceánach tú?
- Ní hea. Gearmánach is ea mé.
- An ndalta tusa?
- Sea. Dalta is ea mé.

2

- Seo í bean. Tá an bhean sa sheomra chomh maith.
- An nGearmánach í?
- Ní hea. Meirceánach is ea í.
- An ndalta í?
- Ní hea. Ni dalta í.
- Seo é fear. Tá sé ag an mbórd.
- An Meiriceánach é?
- Sea. Meiriceánach is ea é.

3

- Seo iad daltaí. Tá siad sa pháirc.
- An Meiriceánaigh iad go léir?
- Ní hea. Tá siad ón nGearmáin, SAM, agus Ceanada.

4

- Seo é bord. Tá sé mór.
- An bhfuil sé nua?
- Sea, tá sé. Tá sé nua.

1

- I am a boy. I am in the room.
- Are you American?
- No, I am not. I am German.
- Are you a student?
- Yes, I am. I am a student.

2

- This is a woman. The woman is in the room too.
- Is she German?
- No, she is not. She is American.
- Is she a student?
- No, she is not. She is not a student.
- This is a man. He is at the table.
- Is he American?
- Yes, he is. He is American.

3

- These are students. They are in the park.
- Are they all Americans?
- No, they are not. They are from Germany, the USA and Canada.

4

- This is a table. It is big.
- Is it new?
- Yes, it is. It is new.

5

- Seo é cat. Tá sé sa sheomra.
- An bhfuil sé dubh?
- Sea, tá sé. Tá sé dubh agus deas.

6

- Is iad seo na rothair. Tá siad ag an dteach.
- An bhfuil siad dubh?
- Sea, tá siad. Tá siad dubh.

7

- An bhfuil leabhar nótaí agat?
- Sea, tá.
- Cé méid leabhair nótaí atá agat?
- Tá dhá leabhar nótaí agam.

8

- An bhfuil peann aige?
- Sea, tá.
- Cé méid pinn atá aige?
- Tá peann amháin aige.

9

- An bhfuil rothar aici?
- Sea, tá.
- An bhfuil a rothar gorm?
- Níl sé. Níl a rothar gorm. Tá sé glas.

10

- An bhfuil leabhar Spáinnish agat?
- Níl. Níl leabhar Spáinnish agam. Nil aon leabhair agam.

11

- An bhfuil cat aici?

5

- This is a cat. It is in the room.
- Is it black?
- Yes, it is. It is black and nice.

6

- These are bikes. They are at the house.
- Are they black?
- Yes, they are. They are black.

7

- Do you have a notebook?
- Yes, I do.
- How many notebooks do you have?
- I have two notebooks.

8

- Does he have a pen?
- Yes, he does.
- How many pens does he have?
- He has one pen.

9

- Does she have a bike?
- Yes, she does.
- Is her bike blue?
- No, it is not. Her bike is not blue. It is green.

10

- Do you have a Spanish book?
- No, I do not. I do not have a Spanish book. I have no books.

11

- Does she have a cat?

- Nil. Nil aon chat aici. Nil aon ainmhí aici.

12

- An bhfuil seinnteoir dlúthdhioscaí agat?
- Níl, níl in aon chor. Nil seinnteoir dlúthdhioscaí agam.

13

- Cá bhfuil ár mapa?
- Tá ár mapa sa sheomra.
- An bhfuil sé ar an mbord?
- Sea, tá sé.

14

- Cá bhfuil na buachaillí?
- Tá siad sa chaife.
- Cá bhfuil na rothair?
- Tá siad ag an gcaifé.
- Cá bhfuil Paul?
- Tá sé ag an gcaifé chomh maith.

Words

- No, she does not. _She does not have a cat. She has no animal.

12

- Do you have a CD player?
- No, we do not. We do not have a CD player.

13

- Where is our map?
- Our map is in the room.
- Is it on the table?
- Yes, it is.

14

- Where are the boys?
- They are in the café.
- Where are the bikes?
- They are at the café.
- Where is Paul?
- He is in the café too.

Text

4

An bhféidir leat cabhrú, le do thoil?
Can you help, please?

 **A**

Focail
Words

1. ach - but
2. áit - place
3. ba cheart, ba chóir - must
4. banc - bank
5. b'fhéidir - able
6. cabhair - help; cabhair - to help
7. do - for
8. foghlaim - lcarn
9. go raibh maith - thank; go raibh maith agat - thank you, thanks
10. imir - play
11. is féidir - can; is féidir liom léamh - I can read.
12. labhair - speak
13. le do thoil - please
14. léigh - read

15.   ní cheart, ní chóir - must not

16.   scríobh - write

17.   seoladh - address

18.   suigh - sit

19.   téigh - go; téim go dtí an banc - I go to the bank.

20.   tóg - take

 B

1

- An bhféidir leat cabhair a thabhairt dom, le do thoil?

- Sea, is féidir liom.

- Ní féidir liom an seoladh a scríobh i mBéarla. An bhféidir leat é a scríobh dom?

- Sea, is féidir.

- Go raibh maith agat.

2

- An bhféidir leat leadóg a imirt?

- Ní féidir liom. Ach is féidir liom foghlaim. An bhféidir leat cabhair a thabhairt dom foghlaim?

- Sea, is féidir. Is féidir liom cabhair a thabhairt duit foghlaim conas leadóg a imirt.

- Go raibh maith agat.

3

- An bhféidir leat Béarla a labhairt?

- Is féidir liom Bearla a léamh agus a labhairt ach ní féidir liom é a scríobh.

- An bhféidir leat Gearmáinish a labhairt?

- Is feidir liom Gearmáinish a labhairt, léamh agus scríobh.

1

- Can you help me, please?

- Yes, I can.

- I cannot write the address in English. Can you write it for me?

- Yes, I can.

- Thank you.

2

- Can you play tennis?

- No, I cannot. But I can learn. Can you help me to learn?

- Yes, I can. I can help you to learn to play tennis.

- Thank you.

3

- Can you speak English?

- I can speak and read English but I cannot write.

- Can you speak German?

- I can speak, read and write German.

- Can Linda speak German too?

- An bhféidir le Linda Gearmáinish a labhairt chomh maith?
- Ní féidir léi. Meiriceánach is ea í.
- An bhféidir leo Béarla a labhairt?
- Sea, beagán. Daltaí is ea iad agus foghlamaíonn siad Béarla. Ni féidir leis an mbuachaill seo Béarla a labhairt.

4

- Cá bhfuil siad?
- Imríonn siad leadóg anois.
- An bhféidir linn imirt chomh maith?
- An bhféidir linn imirt chomh maith.
- Sea, is féidir linn.

5

- Cá bhfuil Robert?
- B'fhéidir go bhfuil sé ag an gcaife.

6

- Suigh ag an mbord seo, le do thoil.
- Go raibh maith agat. An bhféidir liom mo leabhair a chuir ar an mbord sin?
- Sea, is féidir leat.
- An bhféidir le Paul suí ag a bhord?
- Sea, is féidir leis.

7

- An bhféidir liom suí ag a leaba?
- Ní féidir leat.
- An bhféidir le Linda a seinnteoir dlúthdhioscaí a thógaint?
- Ní féidir. Ní féidir léi a sheinnteoir dlúthdhioscaí a thógaint.

8

- An bhféidir leo a mapa a thógaint?

- No, she cannot. She is American.
- Can they speak English?
- Yes, they can a little. They are students and they learn English. This boy cannot speak English.

4

- Where are they?
- They play tennis now.
- May we play too?
- Yes, we may.

5

- Where is Robert?
- He may be at the café.

6

- Sit at this table, please.
- Thank you. May I place my books on that table?
- Yes, you may.
- May Paul sit at his table?
- Yes, he may.

7

- May I sit on her bed?
- No, you must not.
- May Linda take his CD player?
- No. _She must not take his CD player.

8

- May they take her map?

- Ní féidir leo.

9

Níl cead agat suí ar a leaba.
Nil cead aici a sheinnteoir dlúthdhioscaí
a thógaint.
Níl cead acu na leabhair nótaí seo a
thógaint.

10

- Caithfidh mé dul go dtí an banc.
- An gcaithfidh tú dul anois?
- Sea, caithfidh mé.

11

- An gcaithfidh tú Gearmáinis a
fhoghlaim?
- Ni gá dom Gearmáinis a fhoghlaim.
Caithfidh mé Béarla a fhoghlaim.

12

- An gcaithfidh sí dul go dtí an banc?
- Ni gá di. Ní gá di dul go dtí an banc.
- An bhféidir liom an rothar seo a
thógaint?
- Ní féidir leat. Ni féidir leat an rothar seo
a thógaint.
- An bhféidir leat na leabhair nótaí seo a
chuir ar a leaba?
- Ni féidir leat. Ni féidir leat na leabhair
nótaí sin a chuir ar an leaba.

- No, they may not.

9

You must not sit on her
bed.
She must not take his CD
player.
They must not take these
notebooks.

10

- I must go to the bank.
- Must you go now?
- Yes, I must.

11

- Must you learn German?
- I need not learn German.
I must learn English.

12

- Must she go to the bank?
- No. She need not go to
the bank.
- May I take this bike?
- No, you must not take
this bike.
- May we place these
notebooks on her bed?
- No. You must not place
the notebooks on her bed.

Words

Text

5

Maireann Robert i SAM anois
Robert lives in the USA now

 **A**

Focail
Words

1. ag teastáil – need, want
2. ansin - there
3. bricfeasta - breakfast
4. bricfeasta a bheith agat - have breakfast
5. cailín - girl
6. cathaoir - chair
7. cearnóg - square
8. ceol - music
9. cuid - some
10. cúig - five
11. daoine - people
12. éist - listen
13. éistim le ceol - I listen to music.
14. feirm - farm
15. go maith - good, well
16. ith - eat
17. maith, grá - like, love
18. nuachtán - newspaper
19. ocht - eight
20. ól - drink

21. sé - six

22. seacht - seven

23. té - tea

24. trí - three

25. troscán - furniture

 B

1

Léann Linda Béarla go maith.
Léim Béarla chomh maith.
Téann na daltaí go dtí an pháirc.
Téann sí go dtí an pháirc chomh
maith.

2

Mairimid i San Francisco.
Maireann Paul i San Francisco
chomh maith. Maireann a athair
agus a mháthair i gCeanada.
Maireann Robert i San Francisco
anois. Maireann a athair agus a
mháthair sa Ghearmáin anois.

3

Imríonn na daltaí leadóg.
Imríonn Paul go maith. Ní
imríonn Robert ró-mhaith.

4

Ólaimid té. Ólann Linda té glas.
Ólann David té dubh. Ólaim té
dubh chomh maith.

5

Éistim le ceol. Éistíonn Sarah le
ceol chomh maith. Is maith léi
eisteacht le ceol maith.

1

Linda reads English well. I read
English too. The students go to the
park. She goes to the park too.

2

We live in San Francisco. Paul lives
in San Francisco now too. His
father and mother live in Canada.
Robert lives in San Francisco now.
His father and mother live in
Germany.

3

The students play tennis. Paul
plays well. Robert does not play
well.

4

We drink tea. Linda drinks green
tea. David drinks black tea. I drink
black tea too.

5

I listen to music. Sarah listens to
music too. She likes to listen to
good music.

6

Tá sé leabhar nótaí uaim. Tá seacht leabhar nótaí ó Dhavid. Tá ocht leabhar nótaí ó Linda.

I need six notebooks. David needs seven notebooks. Linda needs eight notebooks.

7

Teastaíonn deoch ó Sorcha. Tá deoch uaim chomh maith. Teastaíonn ó Phaul ithe.

Sarah wants to drink. I want to drink too. Paul wants to eat.

8

Tá nuachtán ar an mbord. Tógann Paul é agus léann sé é. Is maith leis nuachtáin a léamh.

There is a newspaper on the table. Paul takes it and reads it. He likes to read newspapers.

9

Tá troscáin sa sheomra. Tá sé bhord agus sé chathaoir ann.

There is some furniture in the room. There are six tables and six chairs there.

10

Tá triúr cailín sa sheomra. Tá siad ag ithe bricfeasta.

There are three girls in the room. They are eating breakfast.

11

Tá Sarah ag ithe aráin agus ag ól té. Is maith léi té glas.

Sarah is eating bread and drinking tea. She likes green tea.

12

Tá leabhair ar an mbord. Nil siad nua. Tá siad crionna.

There are some books on the table. They are not new. They are old.

13

- An bhfuil banc ar an sráid seo?
- Sea, tá. Tá cúig bhanc ar an sráid seo. Nil bainc mór iad.

- Is there a bank in this street?
- Yes, there is. There are five banks in this street. The banks are not big.

14

- An bhfuil daoine ag an gcearnóg?

- Are there people in the square?

- Sea, tá. Tá daoine ag an gcearnóg.

15

- An bhfuil rothair ag an gcaife?
- Sea, tá. Tá ceithre rothar ag an gcaife. Nil siad nua.

16

- An bhfuil óstáin ar an sráid seo?
- Níl. Nil aon óstáin ar an sráid seo.

17

- An bhfuil aon siopaí móra ar an sráid sin?
- Níl. Nil aon siopaí móra ar an sráid sin.

18

- An bhfuil aon fheirm i SAM?
- Sea, tá. Tá an-chuid feirme i SAM.

19

- An bhfuil aon throscán sa sheomra sin?
- Sea, tá. Tá ceithre bhord agus cathaoireacha ann.

- Yes, there are. There are some people in the square.

15

- Are there bikes at the café?
- Yes, there are. There are four bikes at the café. They are not new.

16

- Is there a hotel in this street?
- No, there is not. There are no hotels in this street.

17

- Are there any big shops in that street?
- No, there are not. There are no big shops in that street.

18

- Are there any farms in the USA?
- Yes, there are. There are many farms in the USA.

19

- Is there any furniture in that room?
- Yes, there is. There are four tables and some chairs there.

Words

Text

6

Tá go leor cairde ag Robert
Robert has many friends

 **A**

Focail
Words

1. am saor - free time
2. an-chuid oibre a bheith agat - have a lot of work
3. athair - dad
4. bí ar an eolas faoi - know
5. caife - coffee
6. cara - friend
7. carr - car
8. chomh maith - as well
9. cócaireán - cooker
10. dlúthdhiosca - CD
11. doras - door
12. faoi / faoin - under
13. glan - clean
14. gnó - agency
15. go leor, an-chuid, scata - much, many
16. isteach - into

17. jab - job; gnó jabanna - job agency
18. leabhair le David - David's book

19. riomhaire - computer
20. saor - free
21. tar / imigh - come / go

B

1

Tá go leor cairde ag Robert. Téann cairde Robert go dtí an gcaife. Is maith leo caife a ól. Ólann cairde Robert go leor caife.

2

Tá carr ag athair Robert. Tá carr an athar glan ach críonna. Tiománainn athair Paul go minic. Tá jab maith aige agus tá an-chuid oibre aige anois.

3

Tá an-chuid dlúthdhioscaí ag David. Tá dlúthdhioscaí David ar an leaba. Tá seinnteoir dlúthdhioscaí David ar an leaba chomh maith.

4

Léann Robert nuachtáin Meiriceánach. Ta an-chuid nuachtáin ar an mbord i seomra Robert.

5

Tá cat agus madra ag Nancy. Tá cat Nancy sa sheomra faoin leaba. Tá madra Nancy sa sheomra chomh maith.

1

Robert has many friends. Robert's friends go to the café. They like to drink coffee. Robert's friends drink a lot of coffee.

2

Paul's dad has a car. The dad's car is clean but old. Paul's dad drives a lot. He has a good job and he has a lot of work now.

3

David has a lot of CDs. David's CDs are on his bed. David's CD player is on his bed as well.

4

Robert reads American newspapers. There are many newspapers on the table in Robert's room.

5

Nancy has a cat and a dog. Nancy's cat is in the room under the bed. Nancy's dog is in the room as well.

6

Tá fear sa charr seo. Tá mapa ag an bhfear seo. Tá mapa an fhir seo mór. Tiománann an fear seo go minic.

7

Dalta is ea mé. Tá an-chuid ama saor agam. Téim go dtí gnó jabanna. Tá jab maith uaim.

8

Tá beagán ama saor ag Paul agus Robert. Téann siad go dtí an gnó jabanna chomh maith. Tá riomhaire ag Paul. D'fhéadadh an gnó jab maith a thabhairt do Phaul.

9

Tá cócaireán nua ag Linda. Tá cócaireán Linda go maith agus glan. Cócarálann Linda bricfeasta dona leanaí. Is iad Nancy agus David leanaí le Linda. Ólann leanaí Linda an-chuid té. Ólann an mháthair beagán caifé. Níl ach cúpla focal Gearmáinish ag máthair Nancy. Ní labhrann sí ach beagán Gearmáinish. Tá post ag Linda. Níl morán ama saor aici.

10

Nil ach cúpla focail Béarla ag Robert. Ní labhrann Robert ach beagán Béarla. Tá an-chuid focail Béarla ar eolas agam. Is féidir liom

6

There is a man in this car. This man has a map. The man's map is big. This man drives a lot.

7

I am a student. I have a lot of free time. I go to a job agency. I need a good job.

8

Paul and Robert have a little free time. They go to the job agency as well. Paul has a computer. The agency may give Paul a good job.

9

Linda has a new cooker. Linda's cooker is good and clean. Linda cooks breakfast for her children. _Nancy and David are Linda's children. Linda's children drink a lot of tea. The mother drinks a little coffee. Nancy's mother can speak very few German words. She speaks German very little. Linda has a job. She has little free time.

10

Robert can speak English little. Robert knows very few English words. I know a lot of English words. _I can speak English a

beagán Béarla a labhairt. Tá an-chuid focail Béarla ar eolas ag an mbean seo. Is féidir léi Béarla a labhairt go maith.

11

Oibríonn George i ngnó jabanna. Ta an gnó jabanna seo i San Francisco. Tá carr ag George. Tá carr George ar an sráid. Tá an-chuid oibre ag George. Caithfidh sé dul go dtí an gnó jabanna. Tiománann sé ann. Téann George isteach sa gnó jabanna. Tá an-chuid daltaí ann. Tá postanna ag teastáil uathu. Is é jab George ná chun cabhair a thabhairt do na daltaí.

12

Tá carr ag an n-óstán. Níl dóirse an carr seo glan.

Maireann an-chuid daltaí san óstán seo. Tá seomraí na óstáin beag ach glan. Is é seo seomra Robert. Tá fuinneog an sheomra mór agus glan.

little. This woman knows a lot of English words. She can speak English well.

11

George works at a job agency. This job agency is in San Francisco. George has a car. George's car is in the street. George has a lot of work. He must go to the agency. He drives there. George comes into the agency. There are a lot of students there. They need jobs. George's job is to help the students.

12

There is a car at the hotel. The doors of this car are not clean. Many students live in this hotel. The rooms of the hotel are little but clean. This is Robert's room. The window of the room is big and clean.

Words

Text

7

Ceanaíonn David rothar

David buys a bike

 **A**

Focail

Words

1. aghaidh - face
2. am - time
3. ansin - then
4. baile - home; téir abhaile - go home
5. bord leithris - bathroom table
6. bus - bus; ag dul ann ar an mbus - go by bus
7. cistin - kitchen
8. ciú - queue
9. Dé Sathairn - Saturday
10. déan - make
11. déantóir - maker
12. duine ar dhuine - one by one
13. dul ann ar rothar - go by bike, ag rothaíocht - ride a bike
14. glan - wash
15. glantóir - washer
16. gnólacht - firm
17. gnólachtaí - firms
18. inniu - today
19. lár - centre; lár na cathrach - city centre
20. le - with
21. maidin - morning
22. oibrí - worker

23.	oifig - office
24.	rothar spóirt - sport bike
25.	seomra folctha / leithreas
- bathroom; bath

 # B

Maidin Dé Sathairn atá ann. Téann David go dtí an leithreas. Níl an leithreas mór. Tá folcadán, niochán, agus bord leithris ann. Glanann David a aghaidh. Ansin téann sé go dtí an chistin. Tá déantóir-té ar bhord na cistine. Itheann David a bhricscfeasta. Níl bricfeasta David mór. Ansin déanann sé caife leis an ndéantóir caife agus ólann sé é. Teastaionn uaidh dul go siopa spóirt inniu. Téann David amach ar an sráid. Tógann sé bus uimhir seacht. Tógann sé David beagán ama chun dul go dtí an siopa ar an mbus.

Téann David isteach sa shiopa spóirt. Teastaíonn uaidh rothar spóirt nua a cheannach. Tá an-chuid rothair spóirt ann. Tá siad dubh, gorm agus glas. Is maith le David rothair gorm. Teastaíonn uaidh ceann gorm a cheannach. Tá ciú sa shiopa. Tógann David an-chuid ama chun an rothar a cheannach. Ansin téann sé ar an sráid agus rothaíonn sé an rothar.

26.	sneaic - snack
27.	spórt - sport
28.	tar éis é sin - after that

It is Saturday morning. David goes to the bathroom. The bathroom is not big. There is a bath, a washer and a bathroom table there. David washes his face. Then he goes to the kitchen. There is a tea-maker on the kitchen table. David eats his breakfast. David's breakfast is not big. Then he makes some coffee with the coffee-maker and drinks it. _He wants to go to a sport shop today. David goes into the street. He takes bus number seven. It takes David a little time to go to the shop by bus.

David goes into the sport shop. He wants to buy a new sport bike. There are a lot of sport bikes there. They are black, blue and green. David likes blue bikes. He wants to buy a blue one. There is a queue in the shop. It takes David a lot of time to buy the bike. Then he

Rothaíonn sé go dtí lár na cathrach. Ansin rothaíonn sé ó lár na cathrach go dtí páirc na cathrach. Tá sé chomh dheas rothar nua spóirt a rothaíocht!

Is é maidin Dé Sathairn é ach tá George ina oifig. Tá an-chuid oibre aige inniu. Ta ciú go dtí oifig George. Tá an-chuid daltaí agus oibrithe sa chiú. Tá jab ag teastáil uathu. Téann siad duine ar dhuine isteach i seomra George. Labhrann siad le George. Ansin tógann sé seolaí do ghnólachtaí dóibh.

Tá sé am do sneaic anois. Déanann George caife leis an ndéantóir-caife. Itheann sé a sneaic agus ólann sé caife. Nil aon chiú ina oifig anois. Is féidir le George dul abhaile. Téann sé go dtí an tstráid. Tá sé chomh dheas inniu! Téann George abhaile. Tógann sé a leanaí agus téann siad go dtí páirc na cathrach. Bionn am deas acu ann.

goes to the street and rides the bike. He rides to the city centre. Then he rides from the city centre to the city park. _It is so nice to ride a new sport bike!

It is Saturday morning but George is in his office. He has a lot of work today. There is a queue to George's office. There are many students and workers in the queue. They need a job. They go one by one into George's room. They speak with George. Then he gives addresses of firms to them.

It is snack time now. George makes some coffee with the coffee maker. He eats his snack and drinks coffee. There is no queue in his office now. George can go home. He goes to the street. It is a nice day! George goes home. He takes his children and goes to the city park. They have a nice time there.

Words

Text

8

Teastaíonn ó Linda DVD nua a cheannach
Linda wants to buy a new DVD

 **A**

Focail
Words

1. abair - say
2. bosca - box
3. cairdiúil - friendly
4. cúig déag - fifteen
5. cuir ceist, fiafraigh, iarr - ask
6. cupa - cup
7. DVD - DVD
8. eachtra - adventure
9. fada - long
10. Fiche - twenty
11. físchaiséad - videocassette
12. freastalaí siopa - shop assistant
13. imigh - go away
14. is fearr - favourite
15. mair, tóg - last, take; Maireann an scannán seo níos mó ná trí uair an chloig - The

movie lasts more than three hours.

16. mór / níos mó / an ceann is mó - big / bigger / the biggest

17. ná - than; Tá George níos sine ná Linda - George is older than Linda.

18. níos mó - more

19. óg - young

20. scannán - film

21. scannán is fearr - favourite film

22. sin - that; Tá a fhios agam go bhfuil an leabhar seo suimiúil - I know that this book is interesting.

23. siopa físeáin - video-shop

24. suimiúil - interesting

25. tabhair - give, hand

26. taispeáin - show

27. uair - hour

 # B

Is iad David agus Nancy leanaí Linda. Is í Nancy an leanbh is óige. Tá sí cúig bhliain d'aois. Tá David cúig bhliain déag níos sine ná Nancy. Tá sé fiche bliain d'aois. Tá Nancy i bhfad níos óige ná David.

Tá Nancy, Linda, agus David sa chistin. Ólann siad té. Tá cupa Nancy mór. Tá cupa le Linda níos mó. Is é cupa David an ceann is mó.

Tá an-chuid físchaiséid agus DVDs ag Linda le scannáin suimiúla. Teastaíonn uaithi scannán nua-aimseartha a cheannach. Téann sí go siopa físeáin. Tá an-chuid boscaí le físchaiséid agus DVD-anna ann.

David and Nancy are Linda's children. Nancy is the youngest child. She is five years old. David is fifteen years older than Nancy. He is twenty. Nancy is much younger than David.

Nancy, Linda and David are in the kitchen. They drink tea. Nancy's cup is big. Linda's cup is bigger. David's cup is the biggest one.

Linda has a lot of videocassettes and DVDs with interesting films. She wants to buy a more modern film. She goes to a video-shop. There are many boxes with videocassettes and DVDs there.

D'iarr sít ar fhreastalaí siopa chun cabhair a thabhairt di. Tugann an freastalaí siopa roinnt caiséid do Linda. Teastaíonn ó Linda níos mó a fháil amach faoina scannáin ach imíonn an freastalaí siopa.

Tá freastalaí siopa amháin eile sa shiopa agus tá sí níos cairdiúla. Cuireann sí ceist ar Linda faoina scannáin is fearr léi. Is maith le Linda scannáin rómánsach agus scannáin eachtraíochta. Is é an scannán "Titanic" an scannán is fearr léi. Taispeánann an freastalaí siopa DVD leis an scannán is déanaí Hollywood "An Cara Gearmánach" do Linda. Tá sé mar gheall ar na heachtraí rómánsúil d'fhear agus bean óg i SAM.

Taispeánann sí DVD leis an scannán "An Gnóthlacht" do Linda chomh maith. Deir an freastalaí siopa gurb é an scannán "An Gnóthlacht" ceann de na scannáin is suimiúla. Agus is é ceann de na scannáin is faide chomh maith. Tá sé níos mó ná trí uair an chloig in fhaid. Is maith le Linda scannáin atá níos faide. Deir sí gurb é

She asks a shop assistant to help her. The shop assistant hands Linda some cassettes. Linda wants to know more about these films but the shop assistant goes away.

There is one other shop assistant in the shop and she is friendlier. She asks Linda about her favorite films. Linda likes romantic films and adventure films. The film "Titanic" is her favorite film. The shop assistant shows Linda a DVD with the newest Hollywood film "The German Friend". It is about romantic adventures of a man and a young woman in the USA.

She shows Linda a DVD with the film "The Firm" as well. The shop assistant says that the film "The Firm" is one of the most interesting films. And it is one of the longest films as well. It is more than three hours long. Linda likes longer films. She says that "Titanic" is the most interesting

"Titanic" an scannáin is suimiúla agus is faide atá aici. Ceanaíonn Linda DVD leis an scannán "An Gnóthlacht". Gabhann sí buíochas leis an bhfreastalaí siopa agus imíonn sí.

and the longest film that she has. Linda buys a DVD with the film "The Firm". She thanks the shop assistant and goes.

Words

Text

Éistíonn Paul le hamhráin Gearmánach
Paul listens to German songs

 A

Focail
Words

1. a bheith náirithe - be ashamed; tá sé náirithe - he is ashamed
2. ainm - name
3. an- - very
4. arán - bread
5. as ord - out of order
6. can - sing
7. clann - family
8. dormanna - dorms
9. fón - telephone
10. frása - phrase
11. gach - every
12. gar - nearness
13. gar, in aice, an chéad am eile - near, nearby, next
14. glaoch - call; ionad glaonna, lárionad glaonna - call centre

15. glaoigh ar an bhfón - call on the phone

16. hata - hat

17. ím - butter

18. is maith - like; is maith liom é sin - I like that.

19. lá - day

20. léim - jump

21. mála - bag

22. mar - because

23. nóiméad - minute

24. rith - run

25. roimh - before

26. símplí - simple

27. téir, imigh - head; téir, imigh - to head, to go

28. timpeall - about

29. tosnaigh - begin

 # B

Dalta is ea Carol. Tá sí fiche bliain d'aois. Tá Carol ón Spáin. Maireann sí i ndormanna na ndaltaí. Cailín an-dheas is ea í. Tá gúna gorm uirthí. Tá hata ar a ceann.

Carol is a student. She is twenty years old. Carol is from Spain. She lives in the student dorms. She is a very nice girl. Carol has a blue dress on. There is a hat on her head.

Teastaíonn ó Charol glaoch a chuir ar a clann inniu. Téann sí go dtí lárionad na glaonna mar tá a fón as ord. Tá an lárionad glaonna ós comhair an chaife. Cuireann Carol glaoch ar a clann. Labhrann sí lena máthair agus a athair. Tógann an glaoch timpeall cúig nóiméad uirthí. Ansin cuireann sí glaoch ar a cara Angela. Tógann an glaoch seo timpeall cúig nóiméad uirthi.

Carol wants to telephone her family today. She heads to the call centre because her telephone is out of order. The call centre is in front of the café. Carol calls her family. She speaks with her mother and father. The call takes her about five minutes. Then she calls her friend Angela. This call takes her about three minutes.

Is maith le Robert spórt. Ritheann sé gach maidin sa pháirc

Robert likes sport. He runs every morning in the park near

in aice na dormanna. Tá sé ag rith inniu chomh maith. Léimeann sé chomh maith. Tá a chuid léimnigh an-fhada. Tá Paul agus David ag rith agus ag léimeadh le Robert. Tá léimnigh David níos faide. Léimeann sé níos fearr ná an cuid eile acu. Ansin ritheann Robert agus Paul go dtí na dormanna agus ritheann David abhaile.

Bíonn a bhricfeasta ag Robert ina sheomra. Tógann sé arán agus ím. Déanann sé roinnt chaife leis an ndéantóir caife. Ansin cuireann sé roinnt ime ar an n-arán agus itheann sé é.

Maireannn Robert sna dormanna i San Francisco. Tá a sheomra in aice seomra Paul. Nil seomra Robert mór. Tá sé glan mar glanann Robert é gach lá. Tá bord, leaba, roinnt cathaoireacha, agus roinnt troscáin eile ina sheomra. Tá leabhair agus leabhair nótaí Robert ar an mbord. Tá a mhála faoin mbord. Tá na cathaoireacha ag an mbord. Tógann Robert roinnt dlúthdhioscaí ina lámh agus téann

the dorms. He is running today too. He jumps as well. His jumps are very long. Paul and David are running and jumping with Robert. David's jumps are longer. Paul's jumps are the longest. He jumps best of all. Then Robert and Paul run to the dorms and David runs home.

Robert has his breakfast in his room. He takes bread and butter. He makes some coffee with the coffee-maker. Then he butters the bread and eats it.

Robert lives in the dorms in San Francisco. His room is besidePaul's room. Robert's room is not big. It is clean because Robert cleans it every day. There is a table, a bed, some chairs and some more furniture in his room. Robert's books and notebooks are on the table. His bag is under the table. The chairs are at the table. Robert takes some CDs in his hand and heads to Paul's

sé go áit Paul mar teastaíonn ó Phaul éisteacht le ceol Gearmánach.

Tá Paul ina sheomra ag an mbord. Tá a chat faoin mbord. Tá roinnt aráin ós comhair an chait. Itheann an cat an t-arán. Tugann Robert na dlúthdhioscaí go Paul. Tá an ceol Gearmánach is fearr ar an ndlúthdhiosca. Teastaíonn ó Phaul fios a bheith aige ar ainmeacha na hamhránaithe Gearmánach chomh maith. Ainmíonn Robert na hamhránaithe is fearr leis. Ainmíonn sé Blümchen, Nena agus Herbert Grönemeyer. Tá na hainmeacha seo nua do Phaul.

Éistíonn sé le na dlúthdhioscaí agus ansin tosnaíonn sé ag canadh na hamhráin Gearmánach! Is maith leis na hamhráin seo go mór. D'iarr Paul ar Robert na focail do na hamhráin a scriobh síos. Scríobhann Robert na focail de na hamhráin is fearr Gearmánach do Phaul. Deir Paul go dteastaíonn uaidh cuid do na na focail de na hamhráin a fhoghlaim agus di'arr sé cabhair ar Robert. Cabhraíonn Robert le Paul na focail

because Paul wants to listen to German music.

Paul is in his room at the table. His cat is under the table. There is some bread before the cat. The cat eats the bread. Robert hands the CDs to Paul. There is the best German music on the CDs. Paul wants to know the names of the German singers as well. Robert names his favorite singers. He names Blümchen, Nena and Herbert Grönemeyer. These names are new to Paul.

He listens to the CDs and then begins to sing the German songs! He likes these songs very much. Paul asks Robert to write the words of the songs. Robert writes the words of the best German songs for Paul. Paul says that he wants to learn the words of some songs and asks Robert to help. Robert helps Paul to learn the German words. It takes a lot of time because Robert cannot speak

Gearmáinish a fhoghlaim. Tógann sé go leor ama mar ní féidir le Robert Béarla a labhairt ró-mhaith. Tá náire ar Robert. Ní féidir leis frásaí símplí a rá! Ansin téann Robert go dtí a sheomra agus foghlamaíonn sé Béarla.

English well. Robert is ashamed. He cannot say some simple phrases! Then Robert goes to his room and he learns English.

Words

Text

10

Ceanaíonn Paul téacsleabhair ar dhearadh

Paul buys textbooks on design

 **A**

Focail

Words

1. an- - really
2. aon - any
3. breá - fine
4. ceacht - lesson
5. clár - program
6. costas - cost
7. dearadh - design
8. díreach - only
9. é - him
10. féach - look
11. feic - see
12. haileo - hello
13. íoc, díol - pay
14. mínigh - explain
15. ollscoil - college
16. pictiúr - picture
17. pioc - choose
18. saghas, cinéal - kind, type

19. slán - bye
20. staidéar - study
21. téacsleabhar - textbook

22. teanga - language
23. teanga dhúchais - native language

B

Ceanadach is ea Paul agus is é an Béarla a theanga dhúchais. Déanann sé staidéar ar dhearadh in ollscoil i San Francisco.

An Sathairn atá ann agus tá an-chuid ama saor ag Paul. Teastaíonn uaidh roinnt leabhair ar dhearadh a cheannach. Téann sé go dtí an siopa leabhair gar do. D'fhéadadh roinnt leabhair ar dhearadh a bheith acu. Téann sé isteach sa shiopa agus féachann sé ar na boird le na leabhair. Tagann bean chuig Paul. Is freastalaí siopa í.

"Haileo. An bhféidir liom cabhrú leat?" a cheistíonn an freastalaí siopa leis.

"Haileo," arsa Paul, "Déanaim staidéar ar dhearadh san ollscoil. Tá roinnt téacsleabhair ag teastáil uaim. An bhfuil aon théacsleabhair ar dhearadh agat?" a cheistionn Paul.

"Cén saghas dearadh? Tá roinnt téacsleabhar ar dhearadh throscáin,

Paul is Canadian and English is his native language. He studies design at college in San Francisco.

It is Saturday today and Paul has a lot of free time. He wants to buy some books on design. He goes to the nearby book shop. They may have some books on design. He comes into the shop and looks at the tables with books. A woman comes to Paul. She is a shop assistant.

"Hello. Can I help you?" the shop assistant asks him.

"Hello," Paul says, "I study design at college. I need some textbooks. Do you have any textbooks on design?" Paul asks her.

"What kind of design? We have some textbooks on furniture design, car design,

dearadh cháirr, dearadh spóirt, dearadh idirlíne," a mhíníonn sí do.

"An bhféidir leat roinnt téacsleabhar ar dhearadh throscáin agus dearadh idirlíne a thaispeáint dom?" arsa Paul léi.

"Is féidir leat na leabhair a phiocadh ó na chéad bord eile. Féach orthu. Seo leabhar le dearthóir throscáin Iodálach d'árbh ainm Palatino. Míníonn an dearthóir dearadh throscáin Iodálach. Míníonn sé dearadh throscáin na hEorpa agus SAM chomh maith. Tá roinnt pictiúir breá ann," a mhíníonn an freastalaí siopa.

"Feicim go bhfuil roinnt ceachtanna sa leabhar chomh maith. Tá an leabhar seo go breá, cinnte. Cé méid atá air?" a cheistíonn Paul.

"Cosnaíonn sé caoga dó dollar. Agus leis an leabhar tá dlúthdhiosca agat. Tá clár ríomhaireachta ar dhearadh throscáin ar an ndlúthdhiosca.," arsa an freastalaí siopa leis.

"Is maith liom go mór é," arsa Paul.

sport design, internet design," she explains to him.

"Can you show me some textbooks on furniture design and internet design?" Paul says to her.

"You can choose the books from the next tables. Look at them. This is a book by Italian furniture designer Palatino. This designer explains the design of Italian furniture. He explains the furniture design of Europe and the USA as well. There are some fine pictures there," the shop assistant explains.

"I see there are some lessons in the book too. This book is really fine. How much is it?" Paul asks her.

"It costs 52 dollars. And with the book you have a CD. There is a computer program for furniture design on the CD," the shop assistant says to him.

"I really like it," Paul says.

"Is féidir leat roinnt téacsleabhar ar dhearadh idirlíne a fheiscint ansin," a mhíníonn an bhean do. "Tá an leabhar seo faoi an clár riomhaireachta Microsoft Office. Agus tá na leabhair seo faoi clár riomhaireachta Flash. Féach ar an leabhar dearg seo. Tá sé mar gheall ar Flash agus tá roinnt ceachtanna suimiúla ann. Pioc, le do thoil."

"Cé méid ar an leabhar dearg seo?" a cheistíonn Paul.

"An leabhar seo, le dhá dhlúthdhiosca, ní chosnaíonn sé ach daichead a trí dollar," arsa an freastalaí siopa leis.

"Teastaíonn uaim an leabhar seo le Palatino mar gheall ar dhearadh throscáin agus an leabhar dearg seo mar gheall ar Flash a cheannach. Cé méid a chaithfidh mé a dhíol astu?" a cheistíonn Paul.

"Caithfidh tú nócha dó dollar a dhíol don dhá leabhar seo," arsa an freastalaí siopa leis.

Íocann Paul. Ansin tógann sé na leabhair agus na dlúthdhioscaí.

"You can see some textbooks on internet design there," the woman explains to him, "This book is about the computer program Microsoft Office. And these books are about the computer program Flash. Look at this red book. It is about Flash and it has some interesting lessons. Choose, please."

"How much is this red book?" Paul asks her.

"This book, with two CDs, costs only 43 dollars," the shop assistant says to him.

"I want to buy this book by Palatino about furniture design and this red book about Flash. How much must I pay for them?" Paul asks.

"You need to pay 95 dollars for these two books," the shop assistant says to him.

Paul pays. Then he takes the books and the CDs.

"Slán," arsa an freastalaí siopa leis.

"Slán," arsa Paul léi agus imíonn sé.

Words

"Bye," the shop assistant says to him.

"Bye," Paul says to her and goes.

Text

11

Teastaíonn ó Robert roinnt airgid a thuilleadh
(páirt a haon)
Robert wants to earn some money (part 1)

A

Focail
Words

1. a bheith ar leanúint - be continued
2. a chlog - o'clock; tá sé dó a chlog - It is two o'clock.
3. bosca - box
4. ceann amháin eile - one more
5. críoch - finish; críoch - to finish
6. cruaigh, díon, deacair - hard
7. freagra - answer
8. fuinneamh - energy
9. gnáth - usual
10. iompair - transport
11. lá - day
12. liosta - list
13. mar is gnáth - usually
14. níos fearr - better

15. nóta - note

16. OK, bhuel - OK, well

17. páirt - part

18. roinn pearsanra - personnel department

19. tapaigh, go tapaigh - quick, quickly

20. tar éis - after

21. trucail - truck

22. tuig - understand

23. tuill - earn; Tuillim deich dollar in aghaidh na huaire - I earn 10 dollars per hour.

24. uair - hour

25. ualach - load; ualathóir - loader

26. uimhir - number

 # B

Bíonn am saor go laethúil ag Robert tar éis na hollscoile. Teastaíonn uaidh roinnt airgid a thuilleadh. Téann sé go dtí an gnó jabanna. Tugann siad seoladh do ghnólacht iompartha dó. Tá ualathóir ag teastáil ón ngnólacht iompartha Rapid. Tá an obair seo an-dheacair. Ach íocann siad aon dollar déag in aghaidh na huaire. Teastaíonn ó Robert an jab seo a thógaint. Mar sin téann sé go dtí oifig an ghnólachta iompartha.

"Haileo. Tá nóta agam duit ó ghnólacht jabanna," arsa Robert le bean i roinn pearsanra an ghnólachta. Tugann sé an nóta di.

"Haileo," arsa an bhean, "Margaret Bird is ainm dom. Is mise

Robert has free time daily after college. He wants to earn some money. He heads to a job agency. They give him the address of a transport firm. The transport firm Rapid needs a loader. This work is really hard. But they pay 11 dollars per hour. Robert wants to take this job. So he goes to the office of the transport firm.

"Hello. I have a note for you from a job agency," Robert says to a woman in the personnel department of the firm. He gives her the note.

"Hello," the woman says, "My name is Margaret Bird. I am the head of the personnel

ceann an roinn pearsanra. Cad é d'ainm?”

“Robert Genscher is ainm dom” arsa Robert.

“An Meiriceánach tú?” arsa Margaret.

“Ní hea. Gearmánach is ea mé,” a fhreagraíonn Robert.

“An bhféidir leat Béarla a labhairt agus a léamh go maith?” a iarann sí.

“Sea, is féidir liom,” ar seisean.

“Cén aois tú, Robert?” a iarann sí.

“Táim fiche bliain d'aois,” a fhreagraíonn Robert.

“An dteastaíonn uait obair ag an ngnólacht iompartha mar ualathóir?” a iarann ceann an roinn pearsanra air.

Tá náire ar Robert a rá nach bhféidir leis jab níos fearr a bheith aige mar ní féidir leis Béarla a labhairt ró-mhaith. Mar sin deir sé: “Teastaíonn uaim aon dollar déag in aghaidh na huaire a thuilleadh.”

“Bhuel-bhuel,” arsa Margaret, “Ní bhíonn morán oibre ualaithe ag ár ngnólacht iompartha. Ach tá

department. What is your name?”

“My name is Robert Genscher” Robert says.

“Are you American?” Margaret asks.

“No. I am German,” Robert answers.

“Can you speak and read English well?” she asks.

“Yes, I can,” he says.

“How old are you, Robert?” she asks.

“I am twenty years old,” Robert answers.

“Do you want to work at the transport firm as a loader?” the head of the personnel department asks him.

Robert is ashamed to say that he cannot have a better job because he cannot speak English well. So he says: “I want to earn 11 dollars per hour.”

“Well-well,” Margaret says, “Our transport firm usually does not have much

ualathóir amháin eile ag teastáil uainn go géar anois. An bhféidir leat boscaí le fiche cileagram d'ualach a ualú go tapaigh?"

"Sea, is féidir liom. Tá an-chuid fuinnimh agam," a fhreagraíonn Robert.

"Tá ualathóir uainn go laethúil ar feadh trí uair an chloig. An bhféidir leat obair ó cheathar go dtí seacht a chlog?" a fhiafraíonn sí.

Sea, is féidir, críochnaíonn mo cheachtanna ag a haon a chlog," a fhreagraíonn an dalta.

"Cathain an bhféidir leat tosnú ag obair?" a fhiafraíonn ceann an roinn pearsanra dó.

"Is féidir liom tosnú anois," a fhreagraíonn Robert.

"Bhuel. Féach ar an liosta ualathóir. Tá roinnt ainmeacha do ghnólachtaí agus siopaí ar an liosta," a mhíníonn Margaret, "Tá uimhreacha ag gach gnólacht agus siopa. Is iad seo uimhreacha na mboscaí. Agus seo ida uimhreacha na dtrucailí ina chaithfidh tú na boscaí seo a ualú. Tagann agus imíonn na trucailí gach uair go

loading work. But now we really need one otherloader. Can you quickly load boxes with 20 kilograms of load?"

"Yes, I can. I have a lot of energy," Robert answers.

"We need a loader daily for three hours. Can you work from four to seven o'clock?" she asks.

"Yes, my lessons finish at one o'clock," the student answers.

"When can you begin the work?" the head of the personnel department asks him.

"I can begin now," Robert answers.

"Well. Look at this loading list. There are some names of firms and shops in the list," Margaret explains, "Every firm and shop has numbers. They are numbers of the boxes. And these are numbers of the trucks where you must load these boxes. _The trucks come

laethúil. Mar sin beidh ort obair go tapaigh. OK?"

"OK", a fhreagraíonn Robert, gan Margaret a thuiscint ró-mhaith.

"Anois tóg an liosta ualaithe seo agus téir go dtí doras ualaithe uimhir a trí," arsa ceann an roinn pearsanra le Robert. Tógann Robert an liosta ualaithe agus téann sé ag obair.

(le leanúint)

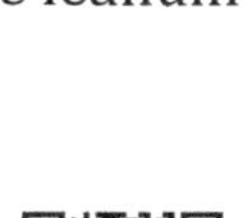

Words

and go hourly. So you need to work quickly. OK?"

"OK," Robert answers, not understanding Margaret well.

"Now take this loading list and go to the loading door number three," the head of the personnel department says to Robert. Robert takes the loading list and goes to work.

(to be continued)

Text

12

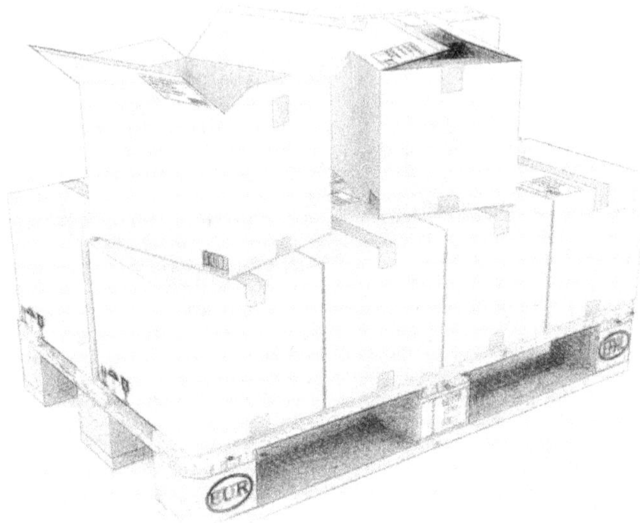

Teastaíonn ó Robert roinnt airgid a thuilleadh
(páirt a dó)

Robert wants to earn some money (part 2)

A

Focail

Words

1. a - their

2. a bheith brónach - be sorry;
tá brón orm - I am sorry.

3. anseo - here (a place)

4. anseo tá - here is

5. buail - meet

6. ceart, i gceart - correct,
correctly; ceartaigh - to correct

7. Dé Luain - Monday

8. do - your

9. dona, olc - bad

10. droim - back

11. dúisigh, gabh suas - get
up; dúisigh!, gabh suas! - Get up!

12. fáth - reason

13. gráin, fuath - hate

14.   in ionad - instead of

15.   in ionad tusa - instead of you

16.   mac - son

17.   mam, máthair - mom, mother

18.   mí-cheart - incorrectly

19.   múinteoir - teacher

20.   sásta - satisfied

21.   siúil - walk

22.   tabhair - bring

23.   tiomáin - drive

24.   tiománaí - driver

25.   treo - here (a direction)

26.   Uasal, an tUasal - mister, Mr.

 # B

Tá go leor trucailí ag doras ualaithe uimhir a trí. Tá siad ag teacht ar ais ag tabhairt ar ais a n-ualaí. Téann ceann an roinn pearsanra agus ceann an ghnólacht ann. Téann siad chuig Robert. Tá Robert ag ualú boscaí i dtrucail. Tá sé ag obair go tapaigh.

"Robert! Le do thoil, tar anseo," a ghlaonn Margaret, "Is e seo ceann an ghnólacht, an tUasal Profit."

"Táim sásta bualadh leat," arsa Robert agus é ag teacht chuchu.

"Mise chomh maith," a fhreagraíonn an tUasal Profit, "Cá bhfuil do liosta ualaithe?"

"Tá sé anseo," tugann Robert an liosta ualaithe do.

"Bhuel-bhuel," arsa an tUasal Profit ag féachaint siar ar an liosta,

There are many trucks at the loading door number three. They are coming back bringing back their loads. The head of the personnel department and the head of the firm arethere. They come to Robert. Robert is loading boxes in a truck. He is working quickly.

"Hey, Robert! Please, come here," Margaret calls, "This is the head of the firm, Mr. Profit."

"I am glad to meet you," Robert says coming to them.

"I am too," Mr. Profit answers, "Where is your loading list?"

"It is here," Robert gives him the loading list.

"Well-well," Mr. Profit says looking in the list, "Look at these trucks. They are coming

"Féach ar na trucailí seo. Tá siad ag teacht ar ais ag tabhairt ar ais a n-ualaí mar d'ualaigh tú na boscaí mícheart. Téann na boscaí le leabhair go siopa troscáin in ionad an siopa leabhair, téann na boscaí le físchaiséid agus DVD-anna go caife in ionad siopa físeáin, agus téann na boscaí le ceapairí go siopa físeáin in ionad caife! Seo obair dona! Tá brón orm ach ní féidir leat obair ag an ngnólacht," arsa an tUasal Profit agus siúlann sé ar ais go dtí an oifig.

Ní féidir le Robert boscaí a ualú i gceart mar ni féidir leis léamh nó tuiscint ach cúpla focail Béarla. Féachann Margaret air. Tá náire ar Robert.

"Robert, is féidir leat Béarla a fhoghlaim níos fearr agus teacht ar ais arís. OK?" arsa Margaret.

"OK," a fhreagraíonn Robert, "Slán Margaret,"

"Slan Robert," a fhreagraíonn Margaret.

Siúlann Robert abhaile. Teastaíonn uaidh Bearla a fhoghlaim níos fearr anois agus ansin jab nua a thógaint suas.

back bringing back their loads because you load the boxes incorrectly. The boxes with books go to a furniture shop instead of the book shop, the boxes with videocassettes and DVDs go to a café instead of the video shop, and the boxes with sandwiches go to a video shop instead of the café! This is bad work! I'm sorry, but you cannot work at the firm," Mr. Profit says and walks back to the office.

Robert cannot load boxes correctly because he can read or understand more than a couple of English words. Margaret looks at him. Robert is ashamed.

"Robert, you can learn English better and then come again. OK?" Margaret says.

"OK," Robert answers, "Bye Margaret."

"Bye Robert," Margaret answers.

Robert walks home. He wants to learn English better now and then take a new job.

Tá sé in am dul go dtí an ollscoil

Maidin Dé Luain tagann máthair isteach sa sheomra chun a mac a dhúiseacht.

"Dúisigh, tá sé seacht a chlog. Tá sé in am dul go dtí an ollscoil!"

"Ach cén fáth, mam? Ni theastaíonn uaim imeacht ann."

"Ainmigh dhá fháth cén fáth nach dteastaíonn uait dul," arsa an mháthair lena mac.

"Tá an ghráin ag na daltaí fuaim mar fháth amháin agus tá an ghráin ag na múinteoirí fuaim chomh maith!"

"Oh, ní shin fáthanna gan dul go dtí an ollscoil. Dúisigh!"

"OK. Ainmigh dhá fháth go mba cheart domsa dul go dtí an ollscoil," ar seisean lena mháthair.

"Bhuel, mar fháth amháin, tá tú cúig bhliain is caoga d'aois. Agus mar an dara fáth, is tusa ceann na hollscoile! Dúisigh anois!"

Words

It is time to go to college

Monday morning a mother comes into the room to wake up her son.

"Get up, it is seven o'clock. It is time to go to college!"

"But why, Mom? I don't want to go."

"Name me two reasons why you don't want to go," the mother says to herson.

"The students hate me for one and the teachers hate me too!"

"Oh, they are not reasons not to go to college. _Get up!"

"OK. Name me two reasons why I must go to college," he says to his mother.

"Well, for one, you are 55 years old. And for two, you are the head of the college! Get up now!"

Text

Elementary Course

13

Ainm an óstáin

The name of the hotel

 **A**

Focail

Words

1. amaideach - silly
2. an Pholainn - Poland
3. anois - now
4. ansin - then
5. ar chos - on foot
6. ardaitheoir - lift
7. arís - again
8. ceann eile - another
9. cheana féin - already
10. codladh - sleep
11. cos - foot
12. droichead - bridge
13. faigh - find
14. fearg - angry
15. feic - see
16. fógra - advert
17. iontas - surprise
18. iontas a chuir - to surprise
19. iontas ar - surprised
20. loch - lake
21. meangadh - smile

22.   meangadh gáire a dhéanamh - to smile

23.   oíche - night

24.   ón - away

25.   oscailte - open

26.   seas - stand

27.   síos - down

28.   siúl - walk

29.   slí - way

30.   stop - stop

31.   tacsaí - taxi

32.   tar éis - past

33.   taispeáin - show

34.   thar, trasna - over, across

35.   timpeall - round

36.   tiománaí tacsaí - taxi driver

37.   tráthnóna - evening

38.   tríd - through

39.   tuirseach - tired

 # B

Seo é dalta. Kasper is ainm dó. Tá Kasper ón bPólainn. Ni féidir leis Béarla a labhairt. Teastaíonn uaidh Béarla a fhoghlaim in ollscoil i SAM. Maireann Kasper in óstán i San Francisco anois.

Tá sé ina sheomra anois. Tá sé ag féachaint ar an mapa. Tá an mapa seo an-mhaith. Feiceann Kasper sráideanna, cearnóig agus siopaí ar an mapa. Téann sé amach as an seomra agus tríd an bpasáiste fada go dtí an t-ardaitheoir. Tógann an t-ardaitheoir é síos. Téann Kasper tríd an halla mór agus amach as an n-óstán. Stopann sé in aice an óstáin agus scriobhann sé síos ainm an ostáin ina leabhar nótaí.

This is a student. His name is Kasper. Kasper is from Poland. He cannot speak English. He wants to learn English at a college in the USA. Kasper lives in a hotel in San Francisco now.

He is in his room now. He is looking at the map. This map is very good. Kasper sees streets, squares and shops on the map. He goes out of the room and through the long corridor to the lift. The lift takes him down. Kasper goes through the big hall and out of the hotel. He stops near the hotel and writes the name of the hotel into his notebook.

Tá cearnóg ciorcalach agus loch ag an n-óstán. Téann Kasper trasna an chearnóig go dtí an loch. Siúlann sé timpeall an locha go dtí an droichead. Téann go leor caranna, trucailí agus daoine thar an dhroichid. Téann Kasper faoin ndroichead. Ansin siúlann sé ar an sráid go dtí lár na cathrach. Téann sé thar go leor foirgnimh deasa.

Tá an tráthnóna ann cheana féin. Tá tuirseach ar Kasper agus teastaíonn uaidh dul thar ais go dtí an óstán. Stopann sé tacsaí, ansin osclaíonn sé a leabhar nótaí agus taispeánann sé ainm an óstáin don thiománaí tacsaí. Féachann an tiománaí tacsaí isteach ina leabhar nótaí, déanann sé meangadh agus tiománann sé uaidh. Ní féidir le Kasper é a thuiscint. Seasann sé agus féachann sé ina leabhar nótaí. Ansin stopann sé tacsai eile agus taispeánann sé ainm an ostáin go dtí an tiománaí tacsaí arís. Féachann an tiománaí isteach sa leabhar nótaí. Ansin féachann sé ar Kasper, déanann sé meangadh agus tiománann sé uaidh arís.

Tá iontas ar Kasper. Stopann sé tacsai eile. Ach tiománann an tacsaí seo uaidh chomh maith. Ní féidir le

There is a round square and a lake at the hotel. Kasper goes across the square to the lake. He walks round the lake to the bridge. Many cars, trucks and people go over the bridge. Kasper goes under the bridge. Then he walks along a street to the city centre. He goes past many nice buildings.

It is evening already. Kasper is tired and he wants to go back to the hotel. He stops a taxi, then opens his notebook and shows the name of the hotel to the taxi driver. The taxi driver looks in the notebook, smiles and drives away. Kasper cannot understand it. He stands and looks in his notebook. Then he stops another taxi and shows the name of the hotel to the taxi driver again. The driver looks in the notebook. Then he looks at Kasper, smiles and drives away too.

Kasper is surprised. He stops another taxi. But this taxi drives away too. Kasper cannot understand it. He is

Kasper é seo a thuiscint. Tá iontas agus fearg air. Ach níl sé amaideach. Osclaíonn sé an mapa agus faigheann sé amach an tslí go dtí an óstán. Filleann sé ar an n-óstán ar chos.

Tá an oíche ann. Tá Kasper ina leaba. Tá sé ina chodladh. Tá na réaltaí ag féachaint isteach sa sheomra tríd an bhfuinneog. Ta an leabhar nótaí ar an mbord. Tá sé oscailte. "Is é Ford an carr is fearr". Ní hé seo ainm an óstáin. Seo fógra ar fhoirgneamh an óstáin.

surprised and angry. But he is not silly. He opens his map and finds the way to the hotel. He comes back to the hotel on foot.

It is night. Kasper is in his bed. He is sleeping. The stars are looking into the room through the window. The notebook is on the table. It is open. "Ford is the best car". This is not the name of the hotel. This is an advert on the building of the hotel.

Words

Text

14

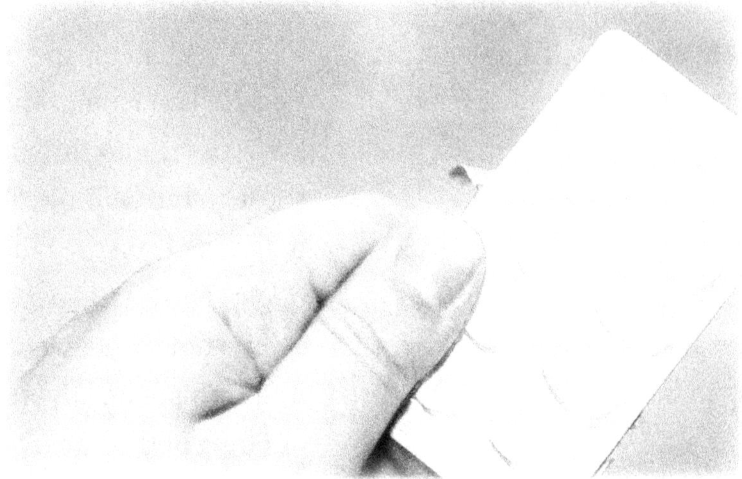

Aspirin

Aspirin

A

Focail

Words

1. ag a haon a chlog - at one o'clock
2. ag leath uair tar éis a hocht - at half past eight
3. ar deireadh - at last
4. aspirin - aspirin
5. bán - white
6. bileog - sheet (of paper)
7. binse - bench
8. boladh dona - stinking
9. briseadh, sos - break, pause
10. ceimic – chemical, chemistry
11. ceimicí - chemicals
12. cliste - smart
13. cógaslann - pharmacy
14. criostal - crystal
15. deich - ten
16. do - for
17. dormanna - dorms
18. é sin - that (conj)
19. faigh - get

20.	fear - man
21.	gan dabht - without a doubt
22.	go minic - often
23.	iontach - wonderful
24.	leath - half
25.	liath - grey
26.	páipéar - paper
27.	piollaire - pill
28.	réiteach, freagra - solution, answer
29.	roinnt - some
30.	rud éigin - something
31.	scrúdú - test
32.	scrúdú a chuir ar - to test
33.	scrúdú a phasáil - to pass a test
34.	seomra ranga - classroom
35.	smaoinigh - think
36.	suigh síos - sit down
37.	tar éis - after
38.	tasc - task
39.	triail - try
40.	uaireadóir - watch

 # B

Is é seo cara Robert. Paul is ainm dó. Ta Paul ó Cheanada. Is é Béarla a theanga dhúchais. Is féidir leis Francis a labhairt an-mhaith chomh maith. Maireann Paul sna dormanna. Ta Paul ina sheomra anois. Tá scrúdú ceimic ag Paul inniu. Féachann sé ar a uaireadóir. Tá sé a ocht a chlog. Tá sé am imeacht.

Téann Paul amach. Téann sé go dtí an ollscoil. Tá an ollscoil in aice na dormanna. Tógann sé timpeall deich nóiméad ar dul go dtí an ollscoil. Tagann Paul go dtí an seomra ranga ceimice. Osclaíonn sé an doras agus féachann sé isteach sa sheomra ranga. Tá roinnt daltaí agus

This is Robert's friend. His name is Paul. Paul is from Canada. English is his native language. He can speak French very well too. Paul lives in the dorms. Paul is in his room now. Paul has a chemistry test today. He looks at his watch. It is eight o'clock. It is time to go.

Paul goes outside. He goes to the college. The college is near the dorms. It takes him about ten minutes to go to the college. Paul comes to the chemical classroom. He opens the door and looks into the classroom. There are some students and the teacher

an múinteoir ann. Tagann Paul isteach sa sheomra ranga.

"Haileo," ar seisean.

"Haileo," a fhreagraíonn an múinteoir agus na daltaí.

Tagann Paul go dtí a deasc agus suíonn sé síos. Tosnaíonn an scrúdú ceimice ag a leath uair tar éis a hocht. Tagann an múinteoir go dtí binse Paul.

"Seo é do theasc," arsa an múinteoir. Ansin tugann sé bileog pháipéir leis an dteasc do Phaul, "Caithfidh tu aspirin a dhéanamh. Is féidir leat obair óna leath uair tar éis a hocht go dtí meán lae. Tosnaigh, le do thoil," arsa an múinteoir.

Tá an teasc seo ar eolas ag Paul. Tógann sé roinnt ceimicí agus tosnaíonn sé. Oibríonn sé ar feadh deich nóiméad. Ar deireadh faigheann sé rud éigin liath le boladh dona. Ní aspirin maith é seo. Tá a fhios ag Paul go gcaithfidh sé criostail móra bán d'aspirin a fháil. Ansin trialann sé arís is arís. Oibríonn Paul ar feadh uair an chloig ach faigheann sé rud éigin liath le boladh dona arís.

there. Paul comes into the classroom.

"Hello," he says.

"Hello," the teacher and the students answer.

Paul comes to his desk and sits down. The chemistry test begins at half past eight. The teacher comes to Paul's bench.

"Here is your task," the teacher says. Then he gives Paul a sheet of paper with the task, "You must make aspirin. You can work from half past eight to midday. Begin, please," the teacher says.

Paul knows this task. He takes some chemicals and begins. He works for ten minutes. At last he gets something grey and stinking. This is not good aspirin. Paul knows that he must get big white crystals of aspirin. Then he tries again and again. Paul works for an hour but he gets something grey and stinking again.

Tá fearg ar Phaul agus tá tuirseach air. Ni féidir leis é a thuiscint. Stopann sé agus smaoiníonn sé beagán. Fear cliste is ea Paul. Smaoinionn sé ar feadh nóiméid agus ansin aimsíonn sé an freagra! Seasann sé suas.

"An bhfuil cead agam briseadh ar feadh deich nóiméid?" a cheistionn Paul an múinteoir.

"Gan dabht, tá cead agat," a fhreagraíonn an múinteoir.

Téann Paul amach. Faigheann sé cógaslann in aice na hollscoile. Téann sé isteach agus ceanaionn sé roinnt piollairí d'aspirin. I gceann deich nóiméad filleann sé ar an seomra ranga. Suíonn na daltaí agus oibrionn siad . Suíonn Paul síos,

"An bhfuil cead agam an scrúdú a chríochnú?" arsa Paul leis an múinteoir i gcúig nóiméad.

Tagann an múinteoir go mbinse Paul. Feiceann sé criostail móra bán d'aspirin. Stopann an múinteoir le hiontas. Seasann sé agus feachann sé ar an n-aspirin ar feadh nóiméid.

"Tá sé go hiontach! Tá d'aspirin chomh dheas! Ach ní feidir liom é a thuiscint! Trialaim go minic aspirin a

Paul is angry and tired. He cannot understand it. He stops and thinks a little. Paul is a smart man. He thinks for a minute and then finds the answer! He stands up.

"May I have a break for ten minutes?" Paul asks the teacher.

"Of course, you may," the teacher answers.

Paul goes outside. He finds a pharmacy near the college. He comes in and buys some pills of aspirin. In ten minutes he comes back to the classroom. The students sit and work. Paul sits down.

"May I finish the test?" Paul says to the teacher in five minutes.

The teacher comes to Paul's bench. He sees big white crystals of aspirin. The teacher stops in surprise. He stands and looks at aspirin for a minute.

"It is wonderful! Your aspirin is so nice! But I cannot understand it! I often try to

fháil agus ní fhaighim ach rud éigin liath le boladh dona," arsa an múinteoir, "Tá tú tar éis an scrúdú a phasáil," ar seisean.

Imíonn Paul tar éis an scrúdaithe. Feiceann an múinteoir rud éigin bán ar bhinse Paul. Tagann sé go dtí an binse agus faigheann sé paipéar óna phiollairí aspirin.

"Fear cliste. OK, Paul. Anois tá fadhb agat," arsa an múinteoir.

Words

get aspirin and I get only something grey and stinking," the teacher says, "You passed the test," he says.

Paul goes away after the test. The teacher sees something white at Paul's bench. He comes to the benchand finds the paper from the aspirin pills.

"Smart guy. Ok, Paul. Now you have a problem," the teacher says.

Text

15

Nancy agus an cangarú
Nancy and the kangaroo

A

Focail
Words

1. a - its (for neuter)
2. babóg, dollaí - doll
3. bac - bother
4. bliain - year
5. bocht - poor
6. bréagán - toy
7. buail, buail - hit, beat
8. buicéad - pail
9. cad – what; Cad é seo? - What is this? Cén bórd? - What table?
10. cangarú - kangaroo
11. cathain - when
12. cluas - ear
13. eireaball - tail
14. fliuch - wet
15. go ciúin - quietly
16. gol - cry
17. gruaig - hair
18. Hey! - Hey!
19. láidir, go láidir - strong, strongly
20. lán - full
21. le chéile - together
22. leabhragán - bookcase
23. leathan, go leathan - wide, widely
24. leon - lion

25. lig dúinn - let us
26. mise - me
27. moncaí - monkey
28. Oh! - Oh!
29. OK, bhuel - okay, well
30. plean - plan
31. sásta - satisfied
32. séabra - zebra

33. sinne - us
34. staidéar - study
35. tarraing - pull
36. tiogar - tiger
37. tit - fall
38. uachtar reoite - ice-cream
39. uisce - water
40. zú - zoo

 B

Dalta is ea Robert anois. Déanann sé staidéar san ollscoil. Déanann sé staidéar ar Bhéarla. Maireann Robert sna dormanna. Maireann sé béal dorais do sheomra Paul.

Tá Robert ina sheomra anois. Tógann sé an fón agus cuireann sé glaoch ar a chara David.

"Haileo," freagraíonn David an glaoch.

"Haileo David. Robert anseo. Conas atá tú?" arsa Robert.

"Haileo Robert. Táim go breá. Go raibh maith agat. Agus conas atá tú féin?" freagraionn David.

"Táim go breá chomh maith. Go raibh maith agat. Rachfaidh mé i gcomhair siúlóid. Cad iad do phleananna inniu?" arsa Robert.

Robert is a student now. He studies at a college. He studies English. Robert lives at the dorms. He lives next door to Paul's.

Robert is in his room now. He takes the telephone and calls his friend David.

"Hello," David answers the call.

"Hello David. It is Robert here. How are you?" Robert says.

"Hello Robert. I am fine. Thanks. And how are you?" David answers.

"I am fine too. Thanks. I will go for a walk. What are your plans today?" Robert says.

"D'iarr mo dheirfiúr Nancy orm dul go dtí an zú. Tógfaidh mé í ann anois. Ba cheart dúinn dul le chéile," arsa David.

"OK. Rachfaidh mé leat. Cá mbuailfimid?" a fhiafraíonn Robert.

"Buailifimid ag an stad bus Oilimpeach. Agus d'iarr ar Phaul teacht linn chomh maith.," arsa David.

"OK. Slán," a fhreagraionn Robert.

"Cífidh mé tú, slán," arsa David.

Ansin téann Robert go dtí seomra Paul. Tá Paul ina sheomra.

"Haileo," arsa Robert.

"Oh, haileo Robert. Tar isteach, le do thoil," arsa Paul. Tagann Robert isteach.

"Rachfaidh David, a dheirfiúr agus mé féin go dtí an zú. An rachfaidh tú i dteannta linn?" a fhiafraíonn Robert.

"Gan dabht, rachfaidh mé chomh maith!" arsa Paul.

Tiománann Robert agus Paul go dtí an stad bus Oilimpeach. Feiceann

"My sister Nancy asks me to go to the zoo. I will take her there now. We should go together," David says.

"Okay. I will go with you. Where will we meet?" Robert asks.

"Let us meet at the Olympic bus stop. And ask Paul to come with us too," David says.

"Okay. Bye," Robert answers.

"See you. Bye," David says.

Then Robert goes to Paul's room. Paul is in his room.

"Hello," Robert says.

"Oh, hello Robert. Come in, please," Paul says. Robert comes in.

"David, his sister and I will go to the zoo. Will you go together with us?" Robert asks.

"Of course, I will go too!" Paul says.

Robert and Paul drive to the Olympic bus stop. They

siad David agus a dheirfiúr Nancy ann.

Nil deirfiúr David ach cúig bhliana d'aois. Cailín beag is ea í agus tá sí lán d'fhuinneamh. Is maith léi ainmhí go mór. Ach ceapann Nancy go mbréagáin iad ainmhithe. Ritheann na hainmhithe uaithí mar cuireann sí isteach orthu go mór. Is féidir léi tarraing eireaball nó cluas, bualadh iad le lámh nó le bréagán. Tá madra agus cat sa bhaile ag Nancy. Nuair atá Nancy sa bhaile tá an madra faoin leaba agus suíonn an cat ar an leabhragán. Mar sin ní féidir léi iad a aimsiú.

Tagann Nancy, David, Robert agus Paul isteach sa zú.

Tá an-chuid ainmhithe sa zú. Tá Nancy an-shásta. Ritheann sí go dti an leon agus tíogar. Bualann sí an séabra lena dollaí. Tarrangaíonn sí eireaball an mhoncaí chomh láidir san go ritheann na moncaithe eile uaithí ag gol. Ansin feiceann Nancy cangarú. Ólann an cangarú ó bhuicéad. Déanann Nancy meangadh agus tagann sí go dtí an cangarú go ciúin. Agus ansin...

see David and his sister Nancy there.

David's sister is only five years old. She is a little girl and she is full of energy. She likes animals very much. _But Nancy thinks that animals are toys. The animals run away from her because she bothers them very much. She can pull tail or ear, hit them with a hand or with a toy. Nancy has a dog and a cat at home. When Nancy is at home the dog is under a bed and the cat sits on the bookcase. So she cannot get them.

Nancy, David, Robert and Paul come into the zoo.

There are many animals in the zoo. Nancy is very happy. She runs to the lion and to the tiger. She hits the zebra with her doll. She pulls the tail of a monkey so strong that all the monkeys run away crying. Then Nancy sees a kangaroo. The kangaroo drinks water from a pail. Nancy smiles and comes to the kangaroo very quietly. And then...

"Hey!! Cangarú!!" Tosnaíonn Nancy ag gol agus tarrangaíonn sí a eireaball. Féachann an ceangarú ar Nancy le súile leathan oscailte. Léimeann sé le hionadh ionas go n-eitlíonn an buicéad le huisce suas agus titeann sé ar Nancy. Ritheann uisce síos a gruaig, a aghaidh agus a gúna. Tá Nancy fliuch ó bhun go barr.

"Cangarú dána is ea tusa! Dána!" a bhéiceann sí.

Déanann roinnt daoine meangadh agus deir roinnt daoine: "Cailín bocht." Tógann David Nancy abhaile.

"Ní cheart duit cuir isteach ar na hainmithe," arsa David agus tugann sé uachtar reoite di. Itheann Nancy an t-uachtar reoite.

"OK, ní himreoidh mé le hainmhithe an-mhór agus feargach," smaoiníonn Nancy. "Ní himreoidh mé ach le ainmhithe beag amháin". Tá áthas uirthí arís.

"Hey!! Kangaroo-oo-oo!!" Nancy cries and pulls its tail. The kangaroo looks at Nancy with wide open eyes. It jumps in surprise so that the pail with water flies up and falls on Nancy. Water runs down her hair, her face and her dress. Nancy is wet from top to bottom.

"You are a bad kangaroo! Bad!" she cries.

Some people smile and some people say: "Poor girl." David takes Nancy home.

"You must not bother the animals," David says and gives an ice-cream to her. Nancy eats the ice-cream.

"Okay. I will not play with very big and angry animals," Nancy thinks, "I will play with little animals only." She is happy again.

Words

Text

16

Paraisiútóirí
Parachutists

A

Focail
Words

1. a chur ort - put on
2. aer - air
3. ag titim - falling
4. ar fheabhas - great
5. ball - member
6. bí - be
7. breith - catch
8. brístí - trousers
9. buí - yellow
10. ciúin, go ciúin - silent, silently
11. cleas - trick
12. cleas a shábháladh saol - life-saving trick
13. club - club
14. creid - believe; gan a s(h)úile a chreidiúnt - to not believe one's eyes

15.   Daidí - daddy

16.   dála an scéil - by the way

17.   déan - do

18.   dearg - red

19.   díon - roof

20.   díreach - just

21.   éadaí - clothes

22.   eile - other

23.   eitleán - airplane

24.   féin - own

25.   fíor - real

26.   foireann - team

27.   gabh anuas - get off

28.   gléas - dressed

29.   go feargach - angrily

30.   in aice - close

31.   istigh - inside

32.   lucht féachana - audience

33.   má - if

34.   miotal - metal

35.   naoi - nine

36.   páirt - part

37.   paraisiút - parachute

38.   paraisiútóir - parachutist

39.   píolóta - pilot

40.   rubar - rubber

41.   sábháil - save

42.   sáigh - push

43.   saol - life

44.   seaicéad - jacket

45.   seó aeir - airshow

46.   stuáilte - stuffed; paraisiútóir stuáilte - stuffed parachutist

47.   suíochán - seat; tóg suíochán - take a seat

48.   talamh - land

49.   tar éis - after

50.   thar - over

51.   tithe - fallen

52.   traenáil - train

53.   ullmhaigh - prepare

B

An mhaidin atá ann. Tagann Robert do dtí seomra Paul. Tá Paul ag suí ag an mbord agus ag scríobh rud éigin. Tá cat Paul 'Is Fearr' ar leaba Paul. Tá sé ina codladh go ciúin.

"An bhfuil cead agam teacht isteach?" arsa Robert.

It is morning. Robert comes to Paul's room. Paul is sitting at the table and writing something. Paul's cat Favorite is on Paul's bed. It is sleeping quietly.

"May I come in?" Robert asks.

"Oh, Robert. Tar isteach le do thoil. Conas atá tú?" a fhreagraíonn Paul.

"Go breá. Go raibh maith agat. Conas atá tú?" arsa Robert.

"Táim go breá. Go raibh maith agat. Suigh síos, le do thoil," a fhreagraíonn Paul.

Suíonn Robert ar chathaoir.

"Mar is eol duit ball do chlub paraisiút is ea mé. Beidh seó aeir ar siúl again inniu," arsa Robert, "Táim chun roinnt léimeanna a dhéanamh ann."

"Tá sé seo an-shuimiúil," a fhreagraíonn Paul, "B'fhéidir go bhfeicfidh mé an seó aeir."

"Má theastaíonn uait go géar is féidir liom tú a thabhairt ann agus is féidir leat eitilt in eitleán," arsa Robert.

"Dáiríre?" Beidh sé sin ar fheabhas!" a bhéiceann Paul, "Cén t-am atá an seó aeir ar siúl?"

Tosnaíonn sé ag a deich a chlog ar maidin," a fhreagraíonn Robert, "Tiocfaidh David chomh maith. Dála an scéile tá cabhair uainn

"Oh, Robert. Come in please. How are you?" Paul answers.

"Fine. Thanks. How are you?" Robert says.

"I am fine. Thanks. Sit down, please," Paul answers.

Robert sits on a chair.

"You know I am a member of a parachute club. We are having an airshow today," Robert says, "I am going to make some jumps there."

"It is very interesting," Paul answers, "I mightcome to see the airshow."

"If you want I can take you there and you can fly in an airplane," Robert says.

"Really? That will be great!" Paul cries, "What time is the airshow?"

"It begins at ten o'clock in the morning," Robert answers, "David will come too. By the way we need help to push a stuffed parachutist

paraisiútóir stuáilte a shá amach as an n-eitleán. An gcabhróidh tú linn?"

"Paraisiútóir stuáilte? Cén fáth?" arsa Paul le hionadh.

"An dtuigeann tú, páirt don sheó is ea é," arsa Robert, "Seo cleas a shábháladh saol. Titeann an paraisiútóir stuáilte síos. Ag an am seo eitlíonn paraisiútóir ceart ina threo, beireann sé air agus osclaíonn sé a pharaisiút féin. Tá an "fear" sábháilte!"

"Ar fheabhas!" a fhreagraíonn Paul, "Cabhróidh mé. Ar aghaidh linn!"

Téann Paul agus Robert lasmuigh. Tagann siad go dtí an stad bus Oilimpeach agus tógann siad bus. Ní thógann sé ach deich nóiméad chun dul go dtí an seó aeir. Nuair a ghabhann siad amach an bus feiceann siad David.

"Haileo David," arsa Robert, "Imeoimid go dtí an t-eitleán."

Feiceann siad foireann paraisiút ag an n-eitleán. Tagann siad go tí ceann na fóirne. Tá ceann na fóirne gléasta i mbríste dearg agus cóta dearg.

out of the airplane. Will you help?"

"A stuffed parachutist? Why?" Paul says in surprise.

"You see, it is a part of the show," Robert says, "This is a life-saving trick. The stuffed parachutist falls down. At this time a real parachutist flies to it, catches it and opens his own parachute. The "man" is saved!"

"Great!" Paul answers, "I will help. Let's go!"

Paul and Robert go outside. They come to the Olympic bus stop and take a bus. It takes only ten minutes to go to the airshow. When they get off the bus, they see David.

"Hello David," Robert says, "Let's go to the airplane."

They see a parachute team at the airplane. They come to the head of the team. The head of the team is dressed in red trousers and a red jacket.

"Haileo Martin," arsa Robert, "Tabharfaidh Paul agus David cabhair leis an gcleas a shábhalann saolta."

"OK. Tá an paraisiútóir stuáilte anseo," arsa Martin. Tugann sé an paraisiút stáilte dóibh. Tá an paraisiútóir stuailte gléasta i mbríste dearg agus cóta dearg.

"Tá sé gleasta ar nós tusa," arsa David ag déanamh meangadh i dtreo Martin.

"Níl aon am again chun labhairt faoi," arsa Martin, "Tóg é isteach san eitleán seo."

Tógann Paul agus David an paraisiútóir stuáilte isteach san eitleán. Tógann siad suíocháin ag an bpíolóta. Téann an fhoireann pharaisiút go léir ach a gceann isteach san eitleán. Dúnann siad an doras. I gcúig nóiméad tá an t-eitleán san aer. Nuair a eitlíonn sé thar San Francisco feiceann David a theach féin.

"Féach, tá mo theach ansin!" a bhéiceann David

Féachann Paul tríd an bhfuinneog ar shráideanna, cearnóig,

"Hello Martin," Robert says, "Paul and David will help with the life-saving trick."

"Okay. The stuffed parachutist is here," Martin says. He gives them the stuffed parachutist. The stuffed parachutist is dressed in red trousers and a red jacket.

"It is dressed like you," David says smiling to Martin.

"We have no time to talk about it," Martin says, "Take it into this airplane."

Paul and David take the stuffed parachutist into the airplane. They take seats at the pilot. All the parachute team but its head gets into the airplane. They close the door. In five minutes the airplane is in the air. When it flies over San Francisco David sees his own house.

"Look! My house is there!" David cries.

Paul looks through the window at streets, squares, and parks of the city. It is

agus páirceanna na cathrach. Tá sé go hiontach eitilt in eitleán.

"Ullmhaigh chun léimeadh!" a bhéiceann an píolóta. Seasann na paraisiútóirí suas. Osclaíonn siad an doras.

"Deich, naoi, ocht, seacht, sé, cúig, ceathar, trí, dó, haon. Imigh!" a bheiceann an píolóta.

Tosnaíonn na paraisiútóirí ag léimeadh amach as an n-eitleán. Feiceann an lucht féachana síos ar an dtalamh paraisiútanna dearg, glas, bán, gorm, buí. Féachann sé an-dheas. Tá Martin, ceann na fóirne paraisiút, ag féachaint suas chomh maith. Tá na paraisiútóirí ag eitilit síos agus tá cuid dóibh ag landáil cheana féin.

"OK. Sár obair gach éinne," arsa Martin agus imíonn sé go caife i gcóngar chun caife a ól. Leanaíonn an seó aeir ar aghaidh.

"Ullmhaigh don chleas a shábhaladh saol!" a bhéiceann an píolóta.

Tógann David agus Paul an paraisiút stuáilte go dtí an doras.

wonderful to fly in an airplane.

"Prepare to jump!" the pilot cries. The parachutists stand up. They open the door.

"Ten, nine, eight, seven, six, five, four, three, two, one. Go!" the pilot cries.

The parachutists begin to jump out of the airplane. The audience down on the ground sees red, green, white, blue, yellow parachutes. It looks very nice. Martin, the head of the parachute team is looking up too. The parachutists are flying down and some are landing already.

"Okay. Excellentwork everyone," Martin says and goes to the nearby café to drink some coffee. The airshow goes on.

"Prepare for the life-saving trick!" the pilot cries.

David and Paul take the stuffed parachutist to the door.

"Deich, naoi, ocht, seacht, sé , cúig, ceathar, trí, dó, haon. Imigh!" a bhéiceann an piolóta.

Sánn Paul agus David an paraisiútóir stuáilte tríd an ndoras. Téann sé amach ach ansin stopann sé. Breitheann a 'lámh' rubar ar pháirt éigin miotal don eitleán.

"Imigh-imigh a bhuachaillí!" a bhéiceann an píolóta.

Sánn na buachaillí an paraisiút stuáilte go laidir ach ní féidir leo é a chaitheamh amach.

Feiceann an lucht féachana ar an dtalamh fear gléasta i ndearg ag doras an eitleáin. Tá beirt fhir eile ag iarraidh é a shá amach. Ní feidir le daoine a súile a chreidiúnt. Leanaíonn sé ar aghaidh ar feadh nóiméid. Ansin titeann an paraisiutóir i ndearg síos. Titeann sé isteach tríd an ndíon taobh istigh don chaife. Féachann an lucht féachana go ciúin. Ansin feiceann na daoine fear gléasta i ndearg rith lasmuigh don chaife. Is é Martin an fear seo i ndearg, ceann na fóirne paraisiút. Ach ceapann an lucht féachana gurb é siúd an paraisiútóir a bhí ag titim. Féachann sé suas agus béiceann sé go feargach, "Muna bhféidir leat fear

"Ten, nine, eight, seven, six, five, four, three, two, one. Go!" the pilot cries.

Paul and David push the stuffed parachutist through the door. It goes out but then stops. Its rubber "hand" catches on some metal part of the airplane.

"Go-go boys!" the pilot cries.

The boys push the stuffed parachutist very strongly but cannot get it out.

The audience down on the land sees a man dressed in red in the airplane door. Two other men are trying to push him out. People cannot believe their eyes. It goes on about a minute. Then the parachutist in red falls down.It falls through the roof inside of the café. The audience looks silently. Then the people see a man dressed in red run outside of the café. This man in red is Martin, the head of the parachutist team. But the audience thinks that he is that falling parachutist. He looks up and cries angrily, "If you cannot catch a man

a bhreith mar sin ná triail!" Tá an lucht féachana ciún.

"Daidí, tá an fear seo an-láidir", arsa cailín beag lena hathair.

"Tá sé traenálta go maith," a fhreagraíonn an t-athair.

Tar éis an sheó téann Paul agus David go dtí Robert.

"Conas atá ár gcuid oibre?" a cheistíonn David.

"Ah...Oh, tá sé an-mhaith. Go raibh maith agat," a fhreagraíonn Robert.

"Má thá cabhair uait ní gá duit ach rud éigin a rá," arsa Paul.

Words

then do not try it!" The audience is silent.

"Daddy, this man is very strong," a little girl says to her dad.

"He is well trained," the dad answers.

After the airshow Paul and David go to Robert.

"How is our work?" David asks.

"Ah... Oh, it is very good. Thank you," Robert answers.

"If you need some help just say," Paul says.

Text

17

Cas Amach an Gás!

Turn the gas off!

A

Focail

Words

1. aisteach - strange
2. aon-dhéag -eleven
3. bog - warm
4. braistint, braith - feeling
5. cas - turn
6. cas amach - turn off
7. cas ar siúl - turn on
8. cé - who
9. ceapaire - sandwich
10. ciliméadar - kilometer
11. citeal - kettle
12. cúramach - careful
13. daichead a ceathar - forty-four
14. dearmad - forget
15. faidh (briathar) - will
16. fáinne - ring
17. fiche - twenty
18. gach rud - everything
19. gás - gas

20. go tobann - suddenly
21. guth - voice
22. idir an dá linn - meanwhile
23. láithreach - immediately
24. líon suas - fill up
25. maireachtaint - living
26. mar sin - so
27. mílitheach - pale
28. naíscoil - kindergarten
29. ord - order
30. puiscín - pussycat
31. rá, abair - tell, say
32. reo - freeze
33. rúnaí - secretary
34. sás láimhe fón - phone handset
35. scap - spread
36. sconna - tap
37. sleamhain, gl sleamhnach - sly, slyly
38. stáisiún traenach - railway station
39. tapaigh, go tapaigh - quick, quickly
40. téamh suas - warm up
41. ticéad - ticket
42. tine - fire
43. traein - train
44. tráth - moment

B

Seacht a chlog ar maidin atá ann. Ta David agus Nancy ina gcodladh. Tá a máthair sa chistin. Linda an t-ainm atá ar an máthair. Tá Linda ceithre bhliain is daichead d'aois. Bean an-chúramach is ea í. Glanann Linda an chistin sara dtéann sí ag obair. Rúnaí is ea í. Oibríonn sí fiche ciliméadar ó San Franscisco. De ghnáth tógann Linda an traein chun dul ag obair.

Téann sí lasmuigh. Tá an stáisiún traenach in aice léi, mar sin téann Linda ann ar chos. Ceanaíonn

It is seven o'clock in the morning. David and Nancy are sleeping. Their mother is in the kitchen. The mother's name is Linda. Linda is forty-four years old. She is a very careful woman. Linda cleans the kitchen before she goes to work. She is a secretary. She works twenty kilometers away from San Francisco. Linda usually takes the train to work .

She goes outside. The railway station is nearby, so

sí ticéad agus téann sí ar an dtraein. Tógann sé timpeall fiche nóiméad chun dul go hobair. Suíonn Linda sa thraein agus féachann sí amach an bhfuinneog.

Go tobann, reoinn sí. An citeal! Tá sé ina sheasamh ar an gcócaireán agus rinne sí dearmad an gás a chasadh amach! Tá David agus Nancy ina gcodladh. Is féidir leis an dtine scapadh ar throscáin agus ansin...Tagann mílitheach ar haghaidh Linda. Ach cailín cliste is ea í agus i gceann nóiméad tá a fhios aici cad a cheart di a dhéanamh. Fiafraíonn sí de bhean agus fear, atá ag suí in aice léi, chun glaoch a chuir ar a teach agus chun a rá le David faoin gciteal.

Idir an dá linn, éiríonn David, glanann sé é féin agus téann sé go dtí an chistin. Tógann sé an citeal ón mbord., líonann sé é le huisce agus cuireann sé é ar an gcócaireán. Ansin tógann sé arán agus ím agus déanann sé ceapairí.

Tagann Nancy isteach sa chistin.

"Cá bhfuil mo phuiscín?" a cheistíonn sí.

Linda goes there on foot. She buys a ticket and gets on a train. It takes about twenty minutes to go to work. Linda sits in the train and looks out of the window.

Suddenly she freezes. The kettle! It is standing on the cooker and she forgot to turn the gas off! David and Nancy are sleeping. The fire can spread on the furniture and then... Linda turns pale. But she is a smart woman and in a minute she knows what to do. She asks a woman and a man, who sit nearby, to telephone her home and tell David about the kettle.

Meanwhile David gets up, washes and goes to the kitchen. He takes the kettle off the table, fills it up with water and puts it on the cooker. Then he takes bread and butter and makes sandwiches.

Nancy comes into the kitchen.

"Where is my little pussycat?" she asks.

"Níl a fhios agam," a fhreagraíonn David. "Téir go dtí an leithreas agus glan d'aghaigh. Ólfaimid roinnt té agus íosfaimid roinnt ceapairí anois. Ansin tógfaidh mé tú go dtí an naíscoil."

Ní theastaíonn ó Nancy glanadh. "Ní féidir liom an t-uisce ón sconna a chuir ar siúl," ar sise go sleamhnach.

"Cabhróidh mé leat," arsa a deartháir. Ag an dtráth seo bualann an fón. Ritheann Nancy go tapaigh go dtí an fón agus tógann sí an sás láimhe.

"Haileo, is é seo an zú. Agus cé hé tusa?" ar sise. Tógann David an sás láimhe uaithi agus deir sé, "Haileo, is é seo David."

"An tusa David Tweeter a mhaireann ag aon déag Sráid na Banraíona?" a cheistíonn guth bean aisteach.

"Sea," a fhreagraíonn David go láithreach.

"Téir go dtí an chistin láithreach agus cas amach an gás!" a bhéiceann an bhean.

"I do not know," David answers, "Go to the bathroom and wash your face. We will drink some tea and eat some sandwiches now. Then I will take you to the kindergarten."

Nancy does not want to wash. "I cannot turn on the water tap," she says slyly.

"I will help you," her brother says. At this moment the telephone rings. Nancy runs quickly to the telephone and takes the handset.

"Hello, this is the zoo. And who are you?" she says. David takes the handset from her and says, "Hello. This is David."

"Are you David Tweeter living at eleven Queen street?" the voice of a strange woman asks.

"Yes," David answers immediately.

"Go to the kitchen immediately and turn the gas off!" the woman's voice cries.

"Cé hé tusa?" Cén fáth gur chóir dom an gás a chasadh amach?" arsa David le hionadh.

"Déan anois é!" a ordaíonn an guth.

Casann David an gás amach. Féachann Nancy agus David ar an gciteal le hionadh.

"Ní thuigim," arsa David. "Conas go bhfuil a fhios ag an mbean seo go n-ólfaimid té?"

"Tá ocras orm," arsa a dheirfiúr, "Cathain a íosfaimid?"

"Tá ocras orm chomh maith," arsa David agus casann sé an gás ar siúl arís. Ag an nóiméad seo bualann an fón arís.

"Haileo," arsa David.

"An tusa David Tweeter a mhaireann ar aon déag Sráid na Banraíona?" a cheistíonn guth fear aisteach.

"Is sea," a fhreagraíonnn David.

"Cas amach gás an chócaireáin láithreach! Bí cúramach!" a órdaíonn an guth.

"OK," arsa David agus casann sé amach an gás arís.

"Who are you? Why must I turn the gas off?" David says in surprise.

"Do it now!" the voice orders.

David turns the gas off. Nancy and David look at the kettle in surprise.

"I do not understand," David says, "How can this woman know that we will drink tea?"

"I am hungry," his sister says, "When will we eat?"

"I am hungry too," David says and turns the gas on again. At this minute the telephone rings again.

"Hello," David says.

"Are you David Tweeter who lives at eleven Queen street?" the voice of a strange man asks.

"Yes," David answers.

"Turn off the cooker gas immediately! Be careful!" the voice orders.

"Okay," David says and turns the gas off again.

"Rachfaimid go dtí an naíscoil," arsa David le Nancy agus é ag braith nach mbeidh siad ag ól té inniu.

"No, tá roinnt té agus arán le hím uaim," arsa Nancy go feargach.

"Bhuel, trialfaimid an citeal a théamh suas arís," arsa a deartháir agus casann sé an gás ar siúl arís.

Bualann an fón agus an babhta seo órdaíonn a máthair an gás a chasadh amach. Ansin míníonn sí gach rud. Ar deireadh ólann Nancy agus David té agus téann siad go dtí an naíscoil.

Words

"Let's go to the kindergarten," David says to Nancy feeling that they will not drink tea today.

"No. I want some tea and bread with butter," Nancy says angrily.

"Well, let's try to warm up the kettle again," her brother says and turns the gas on.

The telephone rings and this time their mother orders to turn the gas off. Then she explains everything. At last Nancy and David drink tea and go to the kindergarten.

Text

18

Gnólacht jabanna
A job agency

 **A**

Focail
Words

1. a mholadh - recommend
2. ag an am céanna - at the same time
3. ag foilsiú - publishing
4. ag rith - running
5. aithníonn siad a chéile - know each other
6. aontaigh - agree
7. baile - town
8. bhí - was
9. cábla - cable
10. chomh maith - also
11. cinnte - sure
12. comhairleach - consultant
13. crith - shake
14. cuiditheoir - helper
15. cúig déag - fifteen
16. dáiríre - seriously

17.   éist go cúramach - listen carefully

18.   gach - all

19.   géag - arm

20.   go cúramach - carefully

21.   imní - worry

22.   in aghaidh na huaire - per hour

23.   ina (h)aonar - individually

24.   láidir, go láidir - strong, strongly

25.   leath - half

26.   leictreach - electric

27.   liath - grey

28.   lig - let

29.   mar - as

30.   mar an gcéanna - the same

31.   marfach - deadly

32.   Ná biodh imní ort! - Do not worry!

33.   obair intinne - mental work

34.   obair láimhe - manual work

35.   ríocht - position

36.   scéal - story

37.   seasca - sixty

38.   sruth - current

39.   taithí - experience

40.   téigh i gcomhairle - consult

41.   tocht - mattress

42.   trína chéile - confused

43.   uimhir - number

44.   urlár - floor

B

Lá amháin téann Paul go seomra Robert agus feiceann sé a chara ag luí ar an leaba ag crith. Feiceann Paul roinnt cáblaí leictreach ag rith ó Robert go dtí an citeal leicteach. Creideann Paul go bhfuil Robert faoi shruth leictreach. Téann sé go dtí an leaba go tapaigh, tógann sé an tocht agus targaíonn sé é go láidir. Titeann Robert go dtí an t-urlár. Ansin seasann sé suas agus féachann sé ar Robert le hionadh.

One day Paul goes to Robert's room and sees his friend lying on the bed shaking. Paul sees some electrical cables running from Robert to the electric kettle. Paul believes that Robert is under a deadly electric current. He quickly goes to the bed, takes the mattress and pulls it strongly._Robert falls to

"Céard ab ea é sin?" a cheistíonn Robert.

"Bhí tú ar shruth leicreach," arsa Paul.

"No, bhí mé ag éisteacht le ceol," arsa Robert agus taispeánann sé a sheinnteoir dlúthdhioscaí dó.

"Oh, tá brón orm," arsa Paul. Tá sé trína chéile.

"Tá sé sin OK. Ná bíodh imní ort," a fhreagraíonn Robert ag glandadh a bhríste go ciúin.

"Téann mé féin agus David go dtí gnólacht jabanna. An dteastaíonn uait teacht linn?" a cheistíonn Paul.

"Cinnte. Rachfaimid le chéile," arsa Robert.

Téann siad lasmuigh agus tógann siad bus uimhir a seacht. Tógann sé timpeall cúig nóiméad déag dóibh dul go dtí an gnólacht jabanna. Ta David ann cheana féin. Téann siad isteach sa fhoirgneamh. Ta ciú fada go dtí oifig an ghnóthlachta jabanna. Seasann siad sa chiú. I gceann leath uair an chloig téann siad isteach san oifig. Tá bord agus roinnt leabhragán sa sheomra. Tá fear liath ag suí ag an mbord. Tá sé thart ar seasca bliain d'aois.

the floor. Then he stands up and looks at Paul in surprise.

"What was it?" Robert asks.

"You were on electrical current," Paul says.

"No, I was listening to music," Robert says and shows his CD player.

"Oh, I am sorry," Paul says. He is confused.

"It's okay. Do not worry," Robert answers quietly cleaning his trousers.

"David and I go to a job agency. Do you want to go with us?" Paul asks.

"Sure. We'llgo together," Robert says.

They go outside and take the bus number seven. It takes them about fifteen minutes to go to the job agency. David is already there. They come into the building. There is a long queue to the office of the job agency. They stand in the queue. After half an hour they come into the office. There is a table and some bookcases in

"Tar isteach buachaillí!" ar seisean go cairdiúil, "Tóg bhur suíocháin, le bhur dtoil."

Suíonn David, Robert agus Paul síos.

"George Estimator is ainm dom. Comhairleoir jabanna is ea mé. De ghnáth labhraim le cuairteoirí ina aonar. Agus toisc gur dhaltaí sibh go léir agus tá aithin agaibh ar a chéile is féidir liom comhairle a thabhairt daoibh go léir le chéile. An n-aontaíonn sibh?"

"Aontaím a Uasail," arsa David, "Tá trí no ceithre uair an chloig d'am saor againn gach lá. Caithfimid jabanna a aimsiú don am sin, a Uasail."

"Bhuel, tá roinnt jabanna agam do dhaltaí. Agus bain uait do sheinnteoir," arsa an tUasal Estimator le Robert.

"Is féidir liom éisteach leat agus ceol ag an am céanna," arsa Robert.

"Má thá jab uait go dáiríre bain uait an seinnteoir agus éist go cúramach le cad atá le rá agam," arsa an tUasal Estimator, "Anois a bhuachailli abair cén saghas jab atá

the room. A gray-headed man is sitting at the table. He is about sixty years old.

"Come in guys!" he says in a friendly way, "Take your seats, please."

David, Robert and Paul sit down.

"My name is George Estimator. I am a job consultant. Usually I speak with visitors individually. But as you are all students and know each other I can consult with you all together. Do you agree?"

"We agree, sir," David says, "We have three or four hours of free time every day. We need to find jobs for that time, sir."

"Well. I have some jobs for students. And you take off your player," Mr. Estimator says to Robert.

"I can listen to you and to music at the same time," Robert says.

"If you seriously want to get a job take the player off and listen carefully to what I

ag teastaíl uaibh? An bhfuil obair intinne nó obair láimhe uaimh?"

"Is feidir liom aon shaghas oibre a dhéanamh," arsa Paul, "Táim láidir. An dteastaíonn uait géagáil?" ar seisean agus cuireann sé a ghéag ar bhord an tUasal Estimator.

"Ní club spóirt atá anseo ach má theastaíonn uait..." arsa an tUasal Estimator. Cuireann sé a ghéag ar an mbord agus sánn sé géag Paul síos go tapaigh, "Mar a chíonn tú, a mhac, ní mhór duit a bheith láidir ach cliste chomh maith."

"Is féidir liom obair intinne a dhéanamh chomh maith, a Uasail," arsa Paul arís. Teastaíonn uaidh jab a fháil go mór. "Is féidir liom scéalta a scríobh. Tá scéalta agam faoi mo bhaile dúchais."

"Tá sé seo an-shuimiúil," arsa an tUasal Estimator. Tógann sé bileog do pháipéar. "Tá cuiditheoir óg ag teastáil don theach foilseacháin "Ildánach" i gcomhair ríocht scríbhneora. Íocann siad naoi ndollar in aghaidh na huaire."

"Cúl!" arsa Paul, An bhféidir liom triail a bhaint as?"

say;" Mr. _Estimator says, "Now guys say what kind of job do you want? Do you wantmental or manual work?"

"I can do any work," Paul says, "I am strong. Want to arm wrestle?" he says and puts his arm on Mr. Estimator's table

"It is not a sport club here but if you want..." Mr. Estimator says. He puts his arm on the table and quickly pushes down Paul's arm, "As you see son, you must be not only strong but also smart."

"I can work mentally too, sir," Paul says again. He wants to get a job very much. "I can write stories. I have some stories about my native town."

"This is very interesting," Mr. Estimator says. He takes a sheet of paper, "The publishing house "All-round" needs a young helper for a writing position. They pay nine dollar per hour."

"Cool!" Paul says, "Can I try?"

"Cinnte. Seo a uimhir fón agus a seoladh," arsa an tUasal Estimator agus tugann sé bileog pháipéar do Phaul.

"Agus is féidir libh jab a phiocadh ar fheirm, i ngnólacht ríomhaire, i nuachtán nó in ollmhargadh. Toisc nach bhfuil aon thaithí agaibh mholfainn daoibh tosnú ag obair ar fheirm. Tá beirt oibrí uathu," arsa an tUasal Estimator le David agus Robert.

"Cé méid a íocann siad?" a cheistíonn David.

"Lig dom féachaint…" féachann an tUasal Estimator isteach ina ríomhaire, "Ta oibrithe ag teastáil uathu ar feadh trí nó ceithre uair an chloig in aghaidh an lae agus íocann siad seacht ndollar in aghaidh na huaire. Laethanta saor is ea Dé Sathairn agus an Domhnach. An n-aontaíonn sibh?" a cheistíonn sé.

"Aontaim," arsa David.

"Aontaim chomh maith," arsa Robert.

"Bhuel. Tóg an t-uimhir fóin agus seoladh na feirme," arsa an tUasal Estimator agus tugann sé bileog pháipéar dóibh.

"Sure. Here are their telephone number and their address," Mr. Estimator says and gives a sheet of paper to Paul.

"And you guys can choose a job on a farm, in a computer firm, ona newspaper or in a supermarket. _As you do not have any experience I recommend you to begin to work in a farm. They need two workers," Mr. Estimator says to David and Robert.

"How much do they pay?" David asks.

"Let me see…" Mr. Estimator looks into the computer, "They need workers for three or four hours a day and they pay seven dollars per hour. Saturdays and Sundays are days off. Do you agree?" he asks.

"I agree," David says.

"I agree too," Robert says.

"Well. Take the telephone number and the address of the farm," Mr. Estimator says and gives a sheet of paper to them.

"Go raibh maith agat, a Uasail," arsa na buachaillí agus téann siad lasmuigh.

"Thank you, sir," the boys say and go outside.

Words

Text

19

Glanann David agus Robert an thrucail
(páirt a haon)
David and Robert wash the truck (part 1)

A

Focail

Words

1. ag snámháil - float
2. ar dtús - at first
3. ar feadh - along
4. bád - ship
5. bain amach - arrive
6. bosca - box
7. bóthar - road
8. ceadúnas tiománaí - driving license
9. ceathrú - fourth
10. céim - step
11. cladach - seashore
12. clós - yard
13. coscán - brake

14. cúigiú - fifth

15. dara - second

16. deichiú - tenth

17. díluchtaigh - unload

18. fada - far

19. fan - wait

20. farraige - sea

21. fostaitheoir - employer

22. gar - close

23. glan - clean, wash

24. go leor - quite

25. go mall - slowly

26. gort - field

27. inneall - engine

28. láidreacht - strength

29. méadar - meter

30. measaín - machine

31. mír - lot

32. na coscáin a theannadh - to brake

33. naoú - ninth

34. níos faide - further

35. níos giorre - closer

36. níos mó - bigger

37. ochtú - eighth

38. oiriúnach - suitable

39. pitseáil - pitch

40. roth - wheel

41. rothanna chun tosaigh - front wheels

42. seachtú - seventh

43. seiceáil - check

44. séú - sixth

45. síol - seed

46. tonn - wave

47. tosach - front, start

48. tríú - third

49. ualach - load

50. úinéir - owner

51. úsáid - use

B

Tá David agus Robert ag obair ar an bhfeirm anois. Oibríonn siad ar feadh trí nó ceithre uair an chloig gach lá. Tá an obair cruaigh go leor. Tá orthu an-chuid oibre a dhéanamh gach lá. Glanann siad clós na feirme gach dara lá. Glanann siad measaíní na feirme gach triú lá. Gach ceathrú

David and Robert are working on a farm now. They work three or four hours every day. The work is quite hard. They must do a lot of work every day. They clean the farm yard every second day. They wash the farm machines every third day.

lá oibríonn siad i ngortanna na feirme.

Daniel Tough is ainm dona bhfostaitheoir. Is é an tUasal Tough úinéir na feimre agus déanann sé an cuid is mó don obair. Oibríonn an tUasal Tough go cruaigh. Tugann sé an-chuid oibre do David agus Robert chomh maith.

"Hey, a bhuachaillí, críochnaigh ag glanadh na measaíní, tóg an thrucail agus téir go dtí an gnólacht iompartha Rapid," arsa an tUasal Tough, "Tá ualach acu dom. Ualaigh na boscaí leis an síol sa thrucail, tóg iad go dtí an fheirm, agus díluchtaigh i gclós na feirme. Déan é go tapaigh mar caithfidh mé an síol a úsáid inniu. Agus ná déan dearmad an thrucail a ghlanadh".

"OK," arsa David. Críochnaíonn siad ag glanadh agus téann siad isteach sa thrucail. Tá ceadúnas tiománaí ag David mar sin tiománann sé an thrucail. Tosnaíonn sé an t-inneall agus tiománann sé go mall ar dtús tríd clós na feirme , agus ansin go tapaigh ar feadh an bhóthair. Nil an gnólacht iompartha Rapid ró-fhada ón bhfeirm. Baineann siad an áit amach i gcúig

Every fourth day they work in the farm fields.

Their employer's name is Daniel Tough. Mr. Tough is the owner of the farm and he does most of the work. Mr. Tough works hard. He also gives a lot of work to David and Robert.

"Hey boys, finish cleaning the machines, take the truck and go to the transport firm Rapid," Mr. Tough says, "They have a load for me. Load boxes with the seed in the truck, bring them to the farm, and unload in the farm yard. Do it quickly because I need to use the seed today. And do not forget to wash the truck".

"Okay," David says. They finish cleaning and get into the truck. David has a driving license so he drives the truck. He starts the engine and drives at first slowly through the farm yard, then quickly along the road. The transport firm Rapid is not far from the farm. They arrive there in fifteen minutes. They look for

nóiméad déag. Féachann siad i gcomhair an doras ualaigh uimhir a deich ann.

Tiománann David an thrucail go cúramach tríd clós an ualaigh. Téann siad thar an chéad doras ualaigh, thar an dara doras ualaigh, thar an triú, thar an ceathrú, thar an cúigiú, thar an séú, thar an seachtú, thar an ochtú, ansin thar an naoú doras ualaigh. Tiománann David go dtí an deichiú doras ualaigh agus stopann sé.

"Caithfimid an liosta ualaigh a sheiceáil ar dtús," arsa Robert ina bhfuil taithí aige cheana féin le liostaí ualaigh ag an gnólacht iompartha seo. Téann sé go dtí an t-ualathóir a oibríonn ag an ndoras agus tugann sé an liosta ualaigh dó. Ualaíonn an t-ualathóir cúig bhosca go tapaigh ar a dtrucail. Seiceálann Robert na boscaí go cúramach. Tá uimhreacha ón liosta ualaigh ag na huimhreacha go léir ar na boscaí.

"Ta na huimhreacha i gceart. Is féidir linn imeacht anois," arsa Robert.

"OK," arsa David agus tosnaíonn sé an t-inneall, "Is dóigh liom go bhfeidir linn an thrucail a ghlanadh

the loading door number ten there.

David drives the truck carefully through the loading yard. They go past the first loading door, past the second loading door, past the third, past the fourth, past the fifth, past the sixth, past the seventh, past the eighth, then past the ninth loading door. David drives to the tenth loading door and he stops.

"We must check the loading list first," Robert says who already has some experience with loading lists at this transport firm. He goes to the loader who works at the door and gives him the loading list. The loader quickly loads five boxes into their truck. Robert checks the boxes carefully. All numbers on the boxes have numbers from the loading list.

"Numbers are correct. We can go now," Robert says.

"Okay," David says and starts the engine, "I think we can wash the truck now.

anois. Tá áit oiriúnach nach bhfuil ró-fhada ón ait seo".

I gceann cúig nóiméad baineann siad an cladach amach.

"An dteastaíonn uait an thrucail a ghlanadh anseo?" a cheistíonn Robert le hionadh.

"Cinnte! Áit deas is ea é, nach ea?" arsa David.

"Agus cá dtógfaimid buicéad?" a cheistíonn Robert.

"Níl aon bhuicéad in aon chor uainn. Tiománfaidh mé an-ghar don fharraige. Tógfaimid an t-uisce ón bhfarraige," arsa David agus tiománann sé an-ghar don uisce. Téann na rothanna chun tosaigh isteach san uisce agus ritheann na tonnta thar iad.

"Rachfaimid amach agus tosnóimid ag glanadh," arsa Robert.

"Fan nóiméad. Tiománfaidh mé beagán níos giorre," arsa David agus tiománann sé meadar nó dhó níos faide, "Tá sé níos fearr anois."

Ansin tagann tonn nios mó agus árdaíonn an t-uisce an thrucail beagán agus iomparaíonn sé í go mall níos faide isteach san fharraige.

There is a suitable place not far from here".

In five minutes they arrive to the seashore.

"Do you want to wash the truck here?" Robert asks in surprise.

"Yeah! It is a nice place, isn't it?" David says.

"And where will we geta pail?" Robert asks.

"We do not need any pail. I will drive very close to the sea. We will take the water from the sea," David says and drives very close to the water. The front wheels go in the water and the waves run over them.

"Let's get out and begin washing," Robert says.

"Wait a minute. I will drive a bit closer," David says and drives one or two meters further, "It is better now."

Then a bigger wave comes and the water lifts the truck a little and carries it slowly further into the sea.

"Stad! David, stad an thrucail!" a bhéiceann Robert, "Táimid istigh san uisce cheana féin! Stad le do thoil!"

"Ní stopfaidh sí!!" a bhéiceann David ag teannadh na coscáin lena neart ar fad, "Ni féidir liom í a stopadh!!"

Tá an thrucail ag snámháil go mall níos faide isteach san fharraige ag pitseáil ar na tonnta ar nós bádín.

(le leanúint)

Words

"Stop! David, stop the truck!" Robert cries, "We are in the water already! Please, stop!"

"It will not stop!!" David cries stepping on the brake with all his strength, "I cannot stop it!!"

The truck is slowly floating further into the sea pitching on the waves like a little boat.

(to be continued)

Text

20

Glanann David agus Robert an thrucail
(páirt a dó)
David and Robert wash the truck (part2)

A

Focail
Words

1. a - dear
2. ag snámháil - floating
3. airgead - money
4. amárach - tomorrow
5. ar dheis - right
6. athshlánaigh - rehabilitate
7. athshlánú - rehabilitation
8. bain taitneamh as - enjoy
9. bhí - were
10. bliain ó shin - a year ago
11. cás - situation
12. cladach - shore
13. clé - left
14. cothú - feed
15. cuir in iúl do - inform
16. dúnmharfóir - killer

17.	éan - bird

18.	fiche cúig - twenty-five

19.	gáire - laugh

20.	gaoth - wind

21.	ghlan - cleaned

22.	grianghraf - photograph; grianghrafóir - photographer

23.	iontach - wonderful

24.	iriseoir - journalist

25.	leanúnach - constant

26.	mar shampla - for example

27.	míol mór - whale, cráin dhubh - killer whale

28.	ó shin - ago

29.	ola - oil

30.	óráid - speech

31.	riamh - never

32.	sampla - example

33.	saoraigh - set free

34.	searmanas - ceremony

35.	seirbhís tarrthála - rescue service

36.	slog - swallow

37.	smacht, rial - control

38.	snámh - swim

39.	sruth - flow

40.	stiúir - steer

41.	tabhair an bóthar do - fire

42.	tancaer - tanker

43.	tárlaigh - happen

44.	tarrtháil - rescue

45.	thárla - happened

46.	theastaigh - wanted

47.	timpiste - accident

B

Tá an thrucail ag snámháil go mall níos faide isteach san fharraige ag pitseáil ar na tonnta ar nós báidín. Tá David ag stiúradh ar chlé agus ar dheis ag teannadh na coscáin agus gás. Ach ní féidir leis an thrucail a smachtú. Tá gaoth láidir ag sá í ar feadh an chladaigh. Níl a fhios ag David agus Robert cad atá le déanamh. Tá siad díreach ag suí, ag féachaint

The truck is floating slowly further in the sea pitching on the waves like a little boat. David is steering to the left and to the right stepping on the brake and gas. But he cannot control the truck. A strong wind is pushing it along the seashore. David and Robert do not know what to do. They are just sitting,

amach na fuinneoga. Tosnaíonn uisce na farraige ag rith taobh istigh.

"Rachfaimid amach agus suífaimid ar an ndíon," arsa Robert.

Suíonn siad ar an ndíon.

"Cad a déarfaidh an tUasal Tough, n'fheadar?" arsa Robert.

Tá an thrucail ag snámháil go mall timpeall fiche méadar ón gcladach. Stopann roinnt daoine ar an gcladach chun féachaint uirthi le hionadh.

"Tá seans ann go dtugfaidh an tUasal Tough an bóthar dúinn," a fhreagraíonn David.

Idir an dá linn tagann ceann na hollscoile an tUasal Kite isteach ina oifig. Deir an rúnaí leis go mbeidh searmanas ann inniu. Scaoilfidh siad saor dhá éan farraige tar éis athshlánú. Ghlan oibrithe don lárionad athshlánú ola daoibh tar éis timpiste le tancaer Gran Pollución. Thárla an thimpiste mí ó shin. Tá ar an tUasal Kite óráid a rá ann. Tosnaíonn an searmanas i gceann fiche cúig nóiméad.

looking out of the windows. The sea water begins to run inside.

"Let's go out and sit on the roof," Robert says.

They sit on the roof.

"What will Mr. Tough say, I wonder?" Robert says.

The truck is floating slowly about twenty meters away from the shore. Some people on the shore stop and look at it in surprise.

"Mr. Tough may fire us," David answers.

Meanwhile the head of the college Mr. Kite comes to his office. The secretary says to him that there will be a ceremony today. They will set free two seabirds after rehabilitation. Workers of the rehabilitation centre cleaned oil off them after the accident with the tanker Gran Pollución. The accident happened one month ago. Mr. Kite must make a speech there.

Tógann an tUasal Kite agus a rúnaí tacsaí agus i ndeich nóiméad baineann siad áit an shearmanais amach. Tá an dhá éan seo ann cheana féin. Anois níl siad chomh bhán is mar a bhíodh de ghnáth. Ach is féidir leo snámh agus eitilt arís anois. Tá scata daoine, iriseoirí, grianghrafóirí ann anois. I ndá nóiméad tosnóidh an searmanas. Tosnaíonn an tUasal Kite a óráid.

"A chairde!" ar seisean, "Thárla an thimpiste leis an dtancaer Gran Pollición ag an áit seo mí ó shin. Tá orainn scata éin agus ainmhithe a athshlánú anois. Cosnaíonn sé scata airgid. Mar shampla cosnaíonn an athshlánú d'éan ar leith cúig mhíle dollar! Agus tá áthas orm a chuir in iúl daoibh anois tar éis míosa do athshlánú go scaoilfear saor an dhá éan iontach seo."

Tógann beirt fhir bosca leis na éin, tógann siad é go dtí an t-uisce agus osclaíonn siad é. Imíonn na héin amach as an mbosca agus ansin léimeann siad isteach san uisce agus snámhann siad. Tógann na grianghrafóirí grianghrafanna. Cuireann na hiriseoirí ceisteanna

The ceremony begins in twenty-five minutes.

Mr. Kite and his secretary take a taxi and in ten minutes arrive at the place of the ceremony. These two birds are already there. Now they are not so white as usual. But they can swim and fly again now. There are many people, journalists, photographers there now. In two minutes the ceremony begins. _Mr. Kite begins his speech.

"Friends!" he says, "The accident with the tanker Gran Pollución happened at this place a month ago. We must rchabilitate many birds and animals now. It costs a lot of money. For example the rehabilitation of each of these birds costs 5,000 dollars! And I am glad to inform you now that after one month of rehabilitation these two wonderful birds will be set free."

Two men take a box with the birds, bring it to the water and open it. The birds go out of the box and then they jump in

ar oibrithe an lárionad athshlánú faoi na hainmhithe.

Go tobann tagann cráin dhubh mór suas, go tapaigh slogann sí an dhá éan agus téann sí síos arís. Féachann gach aon duine ar an áit a bhíodh na héin. Ní chreideann ceann na hollscoile a shúile. Tagann an chráin dhubh suas arís ag lorg a thuilleadh éan. Toisc nach bhfuil aon éin ann, téann sí síos arís. Tá ar an tUasal Kite a óráid a chríochnú anois.

"Ah...," roghnaíonn sé focail oiriúnach., "Ní stopann an sruth leanúnach iontach don shaol riamh. Itheann ainmhithe níos mó ainmhithe níos lú agus mar sin do...ah...cad é sin?" ar seisean ag féachaint ar an n-uisce. Féachann gach aon duine ann agus feiceann siad trucail mhór dearg ar feadh an chladaigh ag pitseáil ar na tonnta ar nós bád. Suíonn beirt fhir uirthi ag féachaint ar an áit don shearmanas.

"Haileo, a Uasail Kite," arsa Robert, "Cén fáth go bhfuil tú ag cothú cráin dhubha le héin?"

"Haileo, Robert," a fhreagraíonn an tUasal Kite.

the water and they swim. The photographers take pictures. The journalists ask workers of the rehabilitation centre about the animals.

Suddenly a big killer whale comes up, quickly swallows those two birds and goes down again. All the people look at the place where the birds were before. The head of the college does not believe his eyes. The killer whale comes up again looking for more birds. As there are no other birds there, it goes down again. Mr. Kite must finish his speech now.

"Ah...," he chooses suitable words, "The wonderful constant flow of life never stops. Bigger animals eat smaller animals and so on... ah... what is that?" he says looking at the water. All the people look there and see a big truck floating along the shore pitching on the waves like a boat. Two guys sit on it looking at the place of the ceremony.

"Hello Mr. Kite," Robert says, "Why are you feeding killer whales with birds?"

Tosnaíonn cuid de na daoine ag baint taitneamh as an gcás. Tosnaíonn siad ag gáire.

"Bhuel, cuirfidh me glaoch ar an seirbhís tarrthála anois. Gheobhaidh siad sibh amach as an n-uisce. Agus teastaíonn uaim sibh a fheiscint i m'oifig amárach," arsa ceann na hollscoile agus cuireann sé glaoch ar an seirbhís tarrthála.

Words

"Hello Robert," Mr. Kite answers, Some of the people begin to enjoy this situation. They begin to laugh.

"Well, I will call the rescue service now. They will get you out of the water. And I want to see you in my office tomorrow," the head of the college says and he calls the rescue service.

Text

21

Ceacht
A lesson

A

Focail

Words

1. aird - attention
2. aird a thabhairt do - pay attention to
3. aire - care
4. an- - really
5. an stuif seo - this stuff
6. beag - small
7. beagán - slightly
8. buachaill - boyfriend
9. cailín - girlfriend
10. caith - spend
11. cé acu - which
12. cloch - stone
13. crúsca - jar
14. doirt - pour
15. eile - else
16. fan - remain
17. folamh - empty
18. fós - still
19. gaineamh - sand

20. gan - without
21. gan focal - without a word
22. i gcónaí - always
23. idir - between
24. in ionad - instead
25. leanaí - children
26. liachta - medical
27. nach bhfuil chomh - less

28. rang - lass
29. rud - thing
30. scaoilte - loose
31. sláinte - health
32. sonas - happiness
33. tábhachtach - important
34. teilifís - television
35. tuismitheoir - parent

 # B

Tá ceann na hollscoile ag seasamh roimh an ranga. Tá roinnt boscaí agus rudaí eile ar an mbord ós a chomhair. Nuair a thosnaíonn an ceacht tógann sé crúsca mór folamh agus gan focal líonann sé é suas le clocha mhóra.

The head of the college is standing before the class. There are some boxes and other things on the table before him. When the lesson begins he takes a big empty jar and without a word fills it up with big stones.

"An gceapann sibh go bhfuil an crúsca lán cheana féin?" a cheistíonn an tUasal Kite na daltaí.

"Do you think the jar is already full?" Mr. Kite asks students.

"Sea, tá sé," arsa na daltaí.

"Yes, it is," agree students.

Ansin tógann sé bosca le clocha an-bheag agus doirteann sé iad isteach sa chrúsca. Critheann sé an crusca beagán. Líonann na clocha beaga an spás idir na clocha móra gan dabht.

Then he takes a box with very small stones and pours them into the jar. He shakes the jar slightly. The little stones, of course, fill up the room between the big stones.

"Cad a cheapann sibh anois?" Tá an crúsca lán cheana féin, nach bhfuil?" a cheistíonn an tUasal Kite arís.

"What do you think now? The jar is already full, isn't it?" Mr. Kite asks them again.

"Sea, tá sé. Tá sé lán anois," a aontaíonn na daltaí arís. Tosnaíonn siad ag baint taitneamh as an gceacht. Tosnaíonn siad ag gáire.

Ansin, tógann an tUasal Kite boscaí do ghaineamh agus doirteann sé é isteach sa chrúsca. Gan dabht, líonann an gaineamh suas an spás ar fad eile.

"Anois teastaíonn uaim go smaoineoidh sibh faoin gcrúsca seo ar nós saol fir. Rudaí tabhachtach is ea na clochaí móra - do chlann, do chailín agus do bhuachaill, do shláinte, do leanaí, do thuismitheoirí - rudaí má chailleann tú gach rud eile agus níl fagtha ach iad san, beidh do shaol fós lán. Rudaí eile nach bhfuil chomh thábhachtach is ea na clocha beaga. Seo rudaí ar nós do theach, do jab, do charr. Gach rud eile is ea gaineamh - rudaí beaga. Má chuireann tú gaineamh isteach sa chrúsca ar dtús, ní bheidh aon spás do chlocha beaga nó clocha móra. Mar an gcéanna atá an saol. Má chaitheann tú d'am agus fuinneamh go léir ar rudaí beaga, ní bheidh spás agat riamh do rudaí atá tábhachtach duit. Tabhair aire do na rudaí is tábhachtaí de do

"Yes, it is. It is full now," the students agree again. They begin to enjoy this lesson. They begin to laugh.

Then Mr. Kite takes a box of sand and pours it into the jar. Of course, the sand fills up all the other space.

"Now I want that you to think about this jar like a man's life. The big stones are important things - your family, your girlfriend and boyfriend, your health, your children, your parents - things that if you lose everything else and only they remain, your life will still be full. _The little stones are other things which are less important. They are things like your house, your job, your car. The sand is everything else - small stuff. If you put sand in the jar first, there will be no room for little or big stones. The same goes for life. If you spend all of your time and energy on the small stuff, you will never have room for things that are important to you. Pay attention to things that are most important to your

shonas. Imir le do leanaí nó tuismitheoirí. Tóg an t-am chun scrúdaithe liachta a thógaint. Tóg do bhuachill nó cailín go dtí an caife. Beidh am ann i gcónaí chun dul ag obair, an teach a ghlanadh agus féachaint ar an dteilifís," arsa an tUasal Kite, "Tabhair aire do na clochaí móra ar dtús - rudaí atá an-thábhachtach. Gaineamh is ea gach rud eile," féachann sé ar na daltaí, "Anois Robert agus David, cad atá níos tábhachtaí daoibhse - ag glanadh trucaile nó bhur saolta? Bíonn tú ag snámháil ar thrucail san fharraige ar nós a bheithfeá ar bhád díreach toisc gur theastaigh uaibh trucail a ghlanadh. An gceapann sibh nach bhfuil aon shlí eile chun í a ghlanadh?"

"No, ní cheapfaimid é sin," arsa David.

"Is féidir leat trucail a ghlanadh i staisiún níocháin in ionad, nach bhféidir libh?" arsa an tUasal Kite.

"Sea, is féidir linn," arsa na daltaí.

"Caithfidh sibh smaoineamh i gcónaí sara ndéanann tú rud éigin. Caithfidh tú aire a thabhairt do na

happiness. _Play with your children or parents. Take time to get medical tests. Take your boyfriend or girlfriend to a café. There will always be time to go to work, clean the house and watch television," Mr. Kite says, "Take care of the big stones first - things that are really important. Everything else is just sand," he looks at the students, "Now Robert and David, what is more important to you - washing a truck or your lives? You float on a truck in the sea like on a boatjust because you wanted to wash the truck. Do you think there is no other way to wash it?"

"No, we do not think that," David says.

"You can wash a truck in a washing station instead, can't you?" says Mr. Kite.

"Yes, we can," say the students.

"You must always think before you do something. You

clocha móra i gcónaí, nach bhfuil an ceart agam?”

“Sea, caithfimid,” a fhreagraíonn na daltaí.

Words

must always take care of the big stones, right?”

“Yes, we must,” answer the students.

Text

22

Oibríonn Paul ag teach foilsithe
Paul works at a publishing house

A

Focail

Words

1. aon duine - nobody
2. ar a laghad - at least
3. báisteach - rain
4. bíp - beep
5. brón - sad
6. caint - talk
7. chomh minic is gur féidir - as often as possible
8. comhlacht - company
9. comhordú - co-ordination
10. cruthaitheach - creative
11. cum - compose
12. custaiméir - customer
13. deacair, cruaigh, díon - difficult
14. difriúil - different
15. díol - sell
16. diúltaigh - refuse
17. domhan - world
18. dorcha - dark

19. duine - human
20. faic - nothing
21. faigh - get
22. féidearthach - possible
23. forbairt - develop
24. fuacht - coldness
25. fuar - cold (adj)
26. glaoch - call
27. gléas freagartha - answering machine
28. go háirithe - especially
29. greannmhar - funny
30. haileo - hi
31. imirt - playing
32. irisleabhar - magazine
33. lasmuigh - outdoors
34. na codladh - sleeping
35. nuachtán - newspaper
36. ó - since, as
37. píosa - composition
38. proifisiún - profession
39. riail - rule
40. scéal - story
41. scil - skill
42. siúl - walking
43. srl. - etc.
44. srón - nose
45. staighre - stairs
46. taifead - record
47. táirg - produce
48. téacs - text
49. todhchaí - future
50. tríocha - thirty
51. ullamh - ready

B

Oibríonn Paul mar chuiditheoir óg ag teach foilsithe Ildánach. Déanann sé obair scríbhtha.

"Paul, is é ainm ár ngnólaacht ná Ildánach" arsa ceann an ghnólacht an tUasal Fox, "Agus cialaíonn sé seo go bhféidir linn déanamh aon phíosa téacs agus obair deartha d'aon chustaiméir. Faighimid scata órdaithe ó nuachtáin, irisleabhair agus ó chustaiméirí eile. Tá na hórdaithe

Paul works as a young helper at the publishing house All-round. He does writing work.

"Paul, our firm's name is All-round," the head of the firm Mr. Fox says, "And this means we can do any text composition and design work for any customer. We get many orders from newspapers, magazines and from other customers. All

go léir difriúil ach ní dhiúltaimid aon chinn."

Is maith le Paul an jab seo go mór mar is féidir leis a scileanna cruthaitheach a fhorbairt. Is maith leis oibrithe cruthaitheach ar nós píosaí a scríobh agus dearadh. Toisc go ndéanann sé staidéar ar dhearadh san ollscoil is post an-oiriúnach é dona phroifisiún todhchaigh.

Tá roinnt tascanna nua ag an tUasal Fox dó inniu.

"Tá roinnt ordaithe again. Is féidir leat dhá cheann a dhéanamh," arsa an tUasal Fox, "Tá an chéad ordú ó chomhlacht fóin. Táirgíonn siad fóin le gléas freagartha. Tá roinnt téacsanna greannmhar do ghléasanna freagartha. Ní dhíolann aon rud níos fearr ná rudaí greannmhara. Cum ceithre nó cúig teacs, le do thoil."

"Cé chomh fhada a cheart dóibh a bheith?" arsa Paul.

"Is féidir leo a bheith ó chúig go tríocha focal," a fhreagraíonn an tUasal Fox, "Agus tá an dara ordú ón irisleabhar "Domhan Glas". Scríobhann an irisleabhar seo faoi ainmhithe, éin, éisc srl. Tá téacs

of the orders are different but we never refuse any."

Paul likes this job a lot because he can develop creative skills. He enjoys creative works like writing compositions and design. Since he studies design at college it is a very suitable job for his future profession.

Mr. Fox has some new tasks for him today.

"We have some orders. You can do two of them," Mr. Fox says, "The first order is from a telephone company. They produce telephones with answering machines. They need some funny texts for answering machines. Nothing sells better than funny things. Compose four or five texts, please."

"How long must they be?" Paul asks.

"They can be from five to thirty words," Mr. Fox answers, "And the second order is from the magazine "Green world". This magazine writes about animals, birds, fish etc. They

uathu faoi ainmhí baile. Is féidir leis a bheith greannmhar nó brónach, nó scéal faoi d'ainmhí féin. An bhfuil ainmhí agat?”

“Sea, tá. Tá cat agam. 'Is Fearr' is ainm di,” a fhreagraíonn Paul, “Agus is dóigh liom gur féidir liom scéal a scríobh faoina chleasanna. Cathain a chaithfidh sé a bheith ullamh?”

“Caithfidh an dhá ordú seo a bheith ullamh d'amárach,” arsa an tUasal Fox.

“OK. An bhfuil cead agam tosnú anois?” arsa Paul.

“Sea, a Phaul,” arsa an tUasal Fox.

Tógann Paul na téacsanna leis an chéad lá eile. Tá cúig théacs aige do na gléasanna freagartha. Léann an tUasal Fox iad:

1. “Haileo. Anois abair rud éigin.”

2. “Haileo. Is gléas freagartha mé. Agus cad é tusa?”

3. “Haileo. Níl aon duine aige baile anois ach tá mo ghléas guthán. Mar sin is féidir leat labhairt leis seachas mise. Fan i gcomhair an bíp.”

need a text about any home animal. It can be funny or sad, or just a story about your own animal. Do you have an animal?”

“Yes, I do. I have a cat. Its name is Favorite,” Paul answers, “And I think I can write a story about its tricks. When must it be ready?”

“These two orders must be ready by tomorrow,” Mr. Fox answers.

“Okay. May I begin now?” Paul asks.

“Yes, Paul,” Mr. Fox says.

Paul brings those texts the next day. He has five texts for the answering machines. Mr. Fox reads them:

1. "Hi. Now you say something."

2. "Hello. I am an answering machine. And what are you?"

3. "Hi. Nobody is at home now but my answering machine is. So you can talk to it instead of me. Wait for the beep."

4. "Seo gléas freagartha. Seo measín a dhéanann taifead ar smaointe. Tar éis an bíp, smaoinigh ar d'ainm, do fháthanna chun glaoch a chuir agus uimhir leis go bhféadfainn glaoch thar n-ais a chuir ort."

5. "Labhair tar éis an bíp! Tá an ceart agat a bheith ciúin. Táim chun tusa agus gach rud a deireann tú a thaifead."

"Níl sé ró-olc. Agus cad faoi ainmhithe?" a cheistionn an tUasal Fox. Tugann Paul bileog eile do pháipéar do. Léann an tUasal Fox:

Roinnt Rialacha do chait

Siúl:

Chomh minic is gur féidir, rith go tapaigh agus chomh ghairid is gur féidir libh ós comhair duine, go háirithe: ar staighre, nuair atá rud éigin ina lámha, sa dhorchadas, agus nuair a dhúisíonn siad ar maidin. Traenálfaidh sé seo a chomhordú.

Sa leaba:

Téir a chodladh ar dhuine san oíche i gcónaí. Chun nach bhféidir le siúd nó léi siúd casadh sa leaba. Triail luí ar a (h)aghaidh. Déan

4. "This is not an answering machine. This is a thought-recording machine. After the beep, think about your name, your reason for calling and a number which I can call you back. And I will think about calling you back."

5. "Speak after the beep! You have the right to be silent. I will record and use everything you say."

"It is not bad. And what about animals?" Mr. Fox asks. Paul gives him another sheet of paper. Mr. Fox reads:

Some rules for cats

Walking:

As often as possible, run quickly and as close as possible in front of a human, especially: on stairs, when they have something on their hands, in the dark, and when they get up in the morning. This will train their co-ordination.

In bed:

Always sleep on a human at night. So he or she cannot turn in the bed. Try to lie on his or her face. Make sure that your tail is right on their nose.

cinnte go bhfuil d'eireaball díreach ar a srón.

Codladh:

Chun an-chuid fuinnimh a bheith agat chun imirt, caithfidh cat scata codladh a dhéanamh (ar a laghad sé uair an chloig déag in aghaidh an lae). Níl sé deacair chun áit oiriúnach a fháil chun dul a chodladh. Tá aon áit a thaitníonn le duine suí go maith. Tá áiteanna maith lasmuigh chomh maith. Ach níféidir leat iad a úsáid nuair a chuireann sé báistí nó nuair atá sé fuar. Is féidir leat fuinneoga oscailte a úsáid in ionad.

Tosnaíonn an tUasal Fox ag gáire.

"Sár-obair, a Phaul! Ceapaim go dtaitneoidh leis an n-irisleabhar "An Domhan Glas" do phíosa," ar seisean.

Sleeping:

To have a lot of energy for playing, a cat must sleep a lot (at least 16 hours per day). _It is not difficult to find a suitable place to sleep. Any place where a human likes to sit is good. There are good places outside too. But you cannot use them when it rains or when it is cold. You can use open windows instead.

_Mr. Fox laughs.

"Excellent work, Paul! I think the magazine "Green world" will like your piece," he says.

Words

Text

23

Rialacha cait

Cat rules

Focail

Words

1. aimsir - weather
2. aoi - guest
3. aon rud - anything
4. beagán - few
5. blasta - tasty
6. cé go - although
7. ceachtanna - homework
8. céim - step
9. cócaireacht - cooking
10. cos - leg
11. cuimil - rub
12. dearmad - forget
13. dul i bhfolach agus aimsigh - hide-and-seek
14. faigh - get
15. goid - steal
16. grá - love
17. greim - bite
18. i bhfolach - hide
19. laistiar - behind
20. léamh - reading
21. leanbh - child

22. leithreas - toilet
23. lig ort - pretend
24. mearchlár - keyboard
25. mistéir - mystery
26. muiscít - mosquito
27. plainéad - planet
28. pláta - plate
29. póg - kiss
30. rith ó - run away
31. rún - secret
32. scaoll - panic
33. scoil - school
34. seans - chance
35. séasúr - season
36. smaoineamh - thinking
37. spraoi - fun
38. uaireanta - sometimes

 **B**

"Déanann an t-irisleabhar "Domhan Glas" ordú nua," arsa an tUasal Fox le Paul an chéad lá eile, "Agus tá an t-ordú seo duitse, a Phaul. Is maith leo do phíosa agus teastaíonn uathu téacs níos mó faoi "Rialacha chait".

Tógann sé dhá lá do Phaul an píosa seo a chumadh. Seo é.

Roinnt rialacha rúin do chait

Cé gurb iad cait na hainmhithe is fearr agus is iontach ar domhan, uaireanta déanann siad rudaí an-aisteach. D'éirigh le ceann de na daoine goid roinnt rúin cait. Is roinnt rialacha do bheatha iad chun an domhan a thógaint faoi smacht! Ach mistéir fós is ea conas

"The magazine "Green world" places a new order," Mr. Fox says to Paul next day, "And this order is for you, Paul. They like your composition and they want a bigger text about "Cat rules".

It takes Paul two days to compose this text. Here it is.

Some secret rules for cats

Although cats are the best and the most wonderful animals on this planet, they sometimes do very strange things. One of the humans managed to steal some cat secrets. They are some rules of life in order to take over the world! But how these rules

a chabhróidh na rialacha seo le cait.

Seomraí folctha:

Téir i dteannta cuairteoirí i gcónaí go dtí an seomra folctha agus leithreas. Ní gá duit aon rud a dhéanamh. Díreach suigh, féach agus uaireanta a gcosa a chuimilt.

Dóirse:

Caithfidh gach doras a bheith ar oscailt. Chun doras a oscailt, seas ag féachaint go brónach ar dhaoine. Nuair a osclaíonn siad doras, ní gá duit dul tríd é. Tar éis a osclaíonn tú sa shlí seo an doras lasmuigh, seas sa doras agus smaoinigh ar rud éigin. Tá sé seo thar a bheith tábhachtach nuair ata an aimsir an-fhuar, nó nuair lá an-fhliuch atá ann, nó nuair is é séasúr na muiscíte é.

Cócaireacht:

Suigh i cónaí laistiar de chos dheis na daoine atá ag cócaireacht. Chun nach bhféidir leo tú a fheiscint agus tá seans níos fearr ann go seasfar ort. Nuair a tharlaíonn sé, tógann siad tú ina lámha agus tugann siad rud éigin blasta duit le hithe.

will help cats is still a total mystery to the humans.

Bathrooms:

Always go with guests to the bathroom and to the toilet. You do not need to do anything. Just sit, look and sometimes rub their legs.

Doors:

All doors must be open. To get a door opened, stand looking sad at humans. When they open a door, you need not go through it. _After you open the door to outside this way, stand in the door and think about something. This is especially important when the weather is very cold, or when it is a very wetday, or when it is mosquito season.

Cooking:

Always sit just behind the right foot of cooking humans. So they cannot see you and there is a better chance to stand on you. When it happens, they take you in their hands and give you something tasty to eat.

Ag léamh leabhair:

Triail teacht i gcóngar d'aghaidh duine atá ag léamh, idir na súile agus an leabhar. Is é an slí is fearr ná luí ar an leabhar.

Ceachtanna scoile leanaí:

Lig ar leabhair agus cóip-leabhair agus lig ort go bhfuil tú na codladh. Ach ó am go ham léim ar an bpeann. Tabhair greim má dhéanann leanbh iarracht tú a thógaint ón mbord.

Ríomhaire:

Má oibríonn duine ar ríomhaire, léim ar an deasc agus siúl samhall do dtí an méarchlár.

Bia:

Caithfidh cait ithe go minic. Ach níl ithe ach leath an chleachta. Is é an leath eile ná an bia a aimsiú. Nuair a itheann daoine, cuir d'eireaball ar a bpláta nuair nach bhfuil siad ag féachaint. Tabharfaidh sé seans níos fearr duit pláta iomlán do bhia a fháil. Ná ith riamh ó do phláta féin más féidir leat roinnt bia a thógaint ón mbord. Ná ól deoch ó do phláta uisce féin más féidir leat ól ó chupán duine.

Reading books:

Try to get closer to the face of a reading human, between eyes and the book. The best way is to lie on the book.

Children's school homework:

Lie on books and copy-books and pretend you are asleep. But from time to time jump on the pen. Bite if a child tries to take you away from the table.

Computer:

If a human works with a computer, jump up on the desk and walk over the keyboard.

Food:

Cats need to eat a lot. But eating is only half of the fun. The other half is getting the food. When humans eat, put your tail in their plate when they are not looking. It will give you a better chance to get a full plate of food. Never eat from your own plate if you can take some food from the table. _Never drink from your own water plate if you can drink from a human's cup.

Ag dul i bhfolach:

Téir i bhfolach in áiteanna nach bhféidir le daoine tú a aimsiú i gcomhair cúpla lá. Cuirfidh sé seo scaoll i ndaoine (agus is breá leo é seo) ag smaoineamh go bhfuil tú tar éis rith ón mbaile. Nuair a thgann tú amach as d'áit folach, tabharfaidh na daoine póg duit agus taispeánfaidh siad a ngrá duit. Agus b'fhéidir go ngeobhaidh tú rud éigin blasta.

Daoine:

Is é tasc na daoine ná sin a chothú, imirt linn, agus chun ár mbosca a ghlanadh. Tá sé tábhachtach nach ndéanann siad dearmad cé hé ceann an tí.

Words

Hiding:

Hide in places where humans cannot find you for a few days. This will make humans panic (which they love) thinking that you ran away from home. When you come out of the hiding place, the humans will kiss you and show their love. And

you may get something tasty.

Humans:

Tasks of humans are to feed us, to play with us, and to clean our box. It is important that they do not forget who the head of the house is.

Text

24

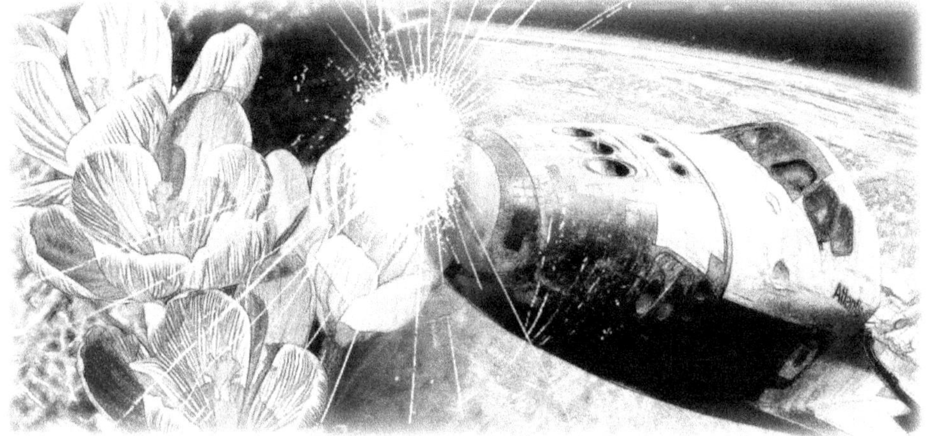

Obair ina bhfoirne
Teamwork

A

Focail
Words

1. ag damhsa - dancing
2. ag obair - working
3. álainn - beautiful
4. an Domhan - earth
5. ar an eolas - informed
6. básaigh - die
7. bhás - died
8. bhí - had
9. bhí fhios - knew
10. bhí grá - loved
11. bhog - moved
12. billiún - billion
13. bláth - flower
14. captaen - captain
15. chrith - shook
16. chuala - heard
17. cogadh - war
18. comhghleacaí oibre - colleague
19. comhthíoch - alien
20. críochnaithe - finished
21. cuimhnigh - remembered
22. damhsaigh - danced
23. d'eitil ó - flew away

24. d'fhéach - looked	40. miongháire a dhéanamh - smiled
25. d'imigh - went away	41. múin - teach
26. duine daoibh - either of you	42. páirt a ghlacadh - take part
27. dúirt - said	43. pointeáil - pointed
28. gáirdín - garden	44. radar - radar
29. gearr - short	45. raidió - radio
30. go dtí - until	46. rince - dance
31. go luath - soon	47. scrios - destroy
32. i gcoinne - against	48. spás - space
33. lárnach - central	49. spásárthach - spaceship
34. las, cas ar siúl - switched on	50. sraithchlár - serial
35. lean ar aghaidh - continue	51. stad - stopped
36. leanaigh ar aghaidh ag féachaint - continued to watch	52. teilifíseán - TV-set
37. léasar - laser	53. tháining - came
38. mharaigh - killed	54. thit - fell
39. míle - thousand	55. thosnaigh - began
	56. tit - fall

 **B**

Teastaíonn ó Dhavid a bheith ina iriseoir. Déanann sé staidéar san ollscoil. Tá ceacht ar phíosa aige inniu. Múineadh an tUasal Kite do dhaltaí conas píosa a chumadh.

"A chairde," ar seisean, "oibreoidh roinnt daoibh do thithe foilsithe, nuachtáin nó irisleabhair, an raidió nó teilifís. Ciallaíonn sé seo go noibreoidh tú i bhfoireann. Níl sé

David wants to be a journalist. He studies at a college. He has a composition lesson today. Mr. Kite teaches students to write composition.

"Dear friends," he says, "some of you will work for publishing houses, newspapers or magazines, the radio or television. _This

símplí a bheith ag obair i bhfoireann. Anois teastaíonn uaim píosa iriseoireachta a chumadh i bhfoireann. Tá buachaill agus cailín uaim." Teastaíonn ó an-chuid daltaí páirt a ghlacadh san obair ina bhfoirne. Roghnaíonn an tUasal Kite David agus Carol. Tá Carol ón Spáinn ach is féidir léi Béarla a labhairt go han-mhaith.

"Le do thoil, suigh ag an mbórd. Anois comhghleacaí oibre is ea sibh," arsa an tUasal Kite leo, "Scríobhfaidh sibh píosa gearrtha. Tosnóidh duine daoibh an píosa agus ansin tabharfaidh tú é go dtí do chomhghleacaí oibre. Léifidh do chomhghleactha oibre an piosa agus leanóidh sé ar aghaidh leis. Ansin tabharfaidh do chomhghleactha oibre é ar ais agus léifidh an chéad dhuine é agus leanóidh sé ar aghaidh. Agus mar sin ar aghaidh go dtí go bhfuil do chuid ama thart. Tugaim fiche nóiméad daoibh."

Tugann an tUasal Kite páipéar dóibh agus tosnaíonn Carol. Smaoiníonn sí beagán agus ansin scríobhann sí.

means you will work in a team. Working in a team is not simple. Now I want that you try to make a journalistic composition in a team. I need a boy and a girl." A lot of students want to take part in the team work. Mr. Kite chooses David and Carol. Carol is from Spain but she can speak English very well.

"Please, sit at this table. Now you are colleagues," Mr. Kite says to them, "You will write a short composition. Either of you will begin the composition and then give it to your colleague. Your colleague will read the composition and continue it. Then your colleague will give it back and the first one will read and continue it. And so on until your time is over. I give you twenty minutes."

Mr. Kite gives them paper and Carol begins. She thinks a little and then writes.

Píosa na foirne

Carol: Bhí Julia ag féachaint tríd an bhfuinneog. Bhí na bláthanna ina gáirdín ag bogadh sa ghaoth ar nós go raibh siad ag damhsa. Chuimhnigh sí ar an tráthnóna sin nuair a dhamhs sí le Billy. Bliain ó shin a bhí ann ach bhí sí ábalta cuimhneamh ar gach rud - a shúile gorma, a mheangadh agus a ghuth. Am sonasach ab ea é di ach bhí sé thart anois. Cén fáth nach raibh sé léi?

David: Ag an am seo bhí an captaen spáis Billy Brisk ina spásárthach Réalt Bháin. Bhí tasc tábhachtach aige agus ní raibh an t-am aige smaoineamh faoin gcailín amaideach a dhamhs sé léi bliain ó shin. Phointeáil sé léasair an Réalt Bháin go tapaigh ar spásáraigh coimhthíoch. Ansin las sé an raidió agus labhair sé le na coimhthíochaigh: "Tugfaidh mé uair an chloig daoibh chun tabhairt suas. Muna bhfuil sibh tar éis tabhairt suas i gceann uair an chloig scriosfaidh mé sibh." Ach sara gcriochnaigh sé bhuail léasar coimhthígh an t-inneall ar chlé don Réalt Bháin. Thosnaigh léasar le Billy ag bualadh na spásárthaigh

Team composition

Carol: Julia was looking through the window. The flowers in her garden were moving in the wind as if dancing. She remembered that evening when she danced with Billy. It was a year ago but she remembered everything - his blue eyes, his smile and his voice. It was a happy time for her but it was over now. Why was he notwith her?

David: At this moment space captain Billy Brisk was at the spaceship White Star. He had an important task and he did not have time to think about that silly girl who he danced with a year ago. He quickly pointed the lasers of White Star at alien spaceships. Then he switched on the radio and talked to the aliens: "I give you an hour to give up. If in one hour you do not give up I will destroy you." But before he finished an alien laser hit the left engine of the White Star. Billy's laser began to hit alien spaceships and at the

coimhthíoch agus ag an am céanna las sé na hinnill lárnach agus na cinn ar dheis. Scrios an léasar coimhthígh an t-inneall ar dheis a bhí ag obair agus chrith an Réalt Bháin go holc. Thit Billy ar an n-urlár agus é ag smaoineamh i rith an titime cé acu de na spásárthaigh coimhthíoch a cheart dó a scriosadh ar dtús.

Carol: Ach bhuail sé a cheann ar an n-urlár miotal agus chailleadh é ag an am céanna. Ach sara fuair sé bás chuimhnigh sé ar an gcailín bocht álainn a bhí i ngrá leis agus bhí an-bhrón air gur d'imigh sé uathi. Go luath stad daoine an cogadh amaideach seo i gcoinne na coimhthíoch bocht. Scrios siad a spásárthaigh agus léasair féin agus thugadar eolas do na coimhthíochaigh nach dtosnódh daoine cogadh i gcoinne iad arís. Dúirt daoine go dteastaigh uathu a bheith cairdiúil le na coimhthíochaigh. Bhí Julia an-shásta nuair a chuala sí faoi seo. Ansin las sí an teilifiseán agus lean sí léi ag feachaint ar shraithchlár iontach Gearmánach.

David: Toisc gur scrios daoine a radair agus léasair féin, ní raibh a fhios ag aon duine gur tháining

same time he switched on the central engines and the ones on the right. The alien laser destroyed the working right engine and the White Star shook badly. _Billy fell on the floor thinking during the fall which of the alien spaceships he must destroy first.

Carol: But he hit his head on the metal floor and died at the same moment. But before he died he remembered the poor beautiful girl who loved him and he was very sorry that he went away from her. Soon people stopped this silly war on poor aliens. They destroyed their own spaceships and lasers and informed the aliens that people would never start a war against them again. People said that they wanted to be friends with the aliens. Julia was very glad when she heard about it. Then she switched on the TV-set and continued to watch a wonderful German serial.

David: Because people destroyed their own radars

spasárthaigh do choimhthíochaigh an-gharraid don Dhomhan. Bhuail na mílte léasair coimhthíoch an Domhan agus mharaigh siad Julia bocht amaideach agus cúig bhilliún duine i soicind amháin. Bhí an Domhan scriosta agus d'eitil a pháirteanna a bhí ag casadh amach sa spás.

"Feicim go bhfuil sibh críochnaithe sara gcríochnaigh bhur gcuid ama," arsa an tUasal Kite agus é ag meangadh, "Bhuel, tá an ceacht thart. Léifimid agus labharfaimid faoin bpíosa foirne seo sa chéad cheacht eile."

and lasers, nobody knew that alien spaceships came very close to the Earth. Thousands of aliens' lasers hit the Earth and killed poor silly Julia and five billion people in a second. The Earth was destroyed and its turning parts flew away in space.

"I see you came to the finish before your time is over," Mr. Kite smiled, "Well, the lesson is over. Let us read and speak about this team composition during the next lesson."

Words

Text

25

Tá Robert agus David ag lorg jab nua
Robert and David are looking for a new job

A

Focail
Words

1. agus é ag - while
2. aistritheoir - translator
3. aois - age
4. bia - food
5. bronntanas - gift
6. ceannaire - leader
7. ceistneoir - questionnaire
8. coileáinín - puppy
9. comhairleacht - consultancy
10. comharsa - neighbour
11. dochtúir - doctor
12. ealaín - art
13. ealaíontóir - artist
14. feirmeoir - farmer
15. fógra - ad, advert
16. francach - rat
17. fuair - found
18. innealtóir - engineer
19. leadránach - monotonous
20. meastachán - estimate
21. módh - method
22. mol - recommend
23. moladh - recommendation
24. nádúr - nature

25.   ós árd - aloud
26.   pearsanta - personal
27.   peata - pet
28.   piscín - kitten
29.   riomhchláraitheoir - programmer
30.   rúibric - rubric
31.   salach - dirty
32.   scribhneoir - writer
33.   seirbheáil - serve

34.   sleamhain - sly
35.   smaoineamh - idea
36.   spáinnéar - spaniel
37.   Spáinnish - Spanish
38.   taibreamh - dream
39.   taibreamh a bheith agat - to dream
40.   taisteal - travel
41.   tréidlia - vet

B

Tá Robert agus David i dteach David. Ta David ag glanadh an bhoird tar éis an bhricfeasta agus tá Robert ag léamh fógraí sa nuachtán. Tá sé ag léamh an rúibric "Ainmhithe". Tá deirfiúr David Nancy sa sheomra chomh maith. Tá sí ag iarraidh an cat atá i bhfolach faoin leaba a bhreith.

"Tá scata peataí saor in aisce sa nuachtán. Is dóigh liom go roghnóidh mé cat nó madra. David, cad a cheapann tusa?" a cheistionn Robert do Dhavid.

"Nancy, ná bí ag cuir isteach ar an gcat!" arsa David go feargach, "Bhuel Robert, ní smaoineamh ró-olc é. Fanfaidh tú pheata duit sa bhaile agus beidh sé chomh shásta

Robert and David are in David's house. David is cleaning the table after breakfast and Robert is reading adverts in a newspaper. He is reading the rubric "Animals". David's sister Nancy is in the room too. She is trying to catch the cat hiding under the bed.

"There are so many pets for free in the newspaper. I think I will choose a cat or a dog. David, what do you think?" Robert asks David.

"Nancy, do not bother the cat!" David says angrily, "Well Robert, it is not a bad idea. Your pet will always wait for

nuair a thagfaidh tú ar ais abhaile agus tabharfaidh tú roinnt bia dó. Agus ná déan dearmad go mbiedh ort do pheata a shiúil ar maidin agus sa thráthnóna nó a bhosca a ghlanadh. Uaireanta beidh ort an t-urlár a ghlanadh nó do pheata a thógaint go dtí an tréidlia. Mar sin smaoinigh go cúramach sara bhfaigheann tú ainmhí."

"Bhuel, ta roinnt fógraí anseo. Éist," arsa Robert agus tosnaíonn sé ag léamh ós árd:

"Madra salach, bán, a fhéachann ar nós francach faighte. D'fheadfadh sé maireachtaint lasmuigh ar feadh tréimhse fada. Tabharfaidh mé duit é i gcomhair airgid."

Seo ceann amháin eile:

"Madra Spáinnish, labhrann sé Spáinnish. Tabharfaidh mé duit é saor in aisce. Agus coileáiníní leath spáinnéir leath sleamhain comharsan,"

Féachann Robert ar David, "Conas go bhféidir le madra Spáinnish a labhairt?"

"D'fheadfadh madra Spáinnish a thuiscint. An bhféidir leatsa Spáinnish a thuiscint?" a cheistionn

you at home and will be so happy when you come back home and give some food. And do not forget that you will have to walk with your pet in mornings and evenings or clean its box. _Sometimes you will have to clean the floor or take your pet to a vet. So think carefully before you get an animal."

"Well, there are some ads here. Listen," Robert says and begins to read aloud:

"Found dirty white dog, looks like a rat. It may live outside for a long time. I will give it to you for money."

Here is one more:

"Spanish dog, speaks Spanish. I will give it to youve y for free. And free puppies half spaniel half sly neighbor's dog,"

Robert looks at David, "How can a dog speak Spanish?"

"A dog may understand Spanish. _Can you understand Spanish?" David asks smiling.

David agus e ag déanamh meangadh.

"Ni féidir liom Spáinnish a thuiscint. Éist, seo fógra amháin eile:

"Ag tabhairt pisciní feirme saor in aisce. Ullamh le hithe. Íosfaidh siad aon rud,"

Casann Robert an nuachtán, "Bhuel, is dóigh liom go bhfeidir le peataí fanacht. B'fhearra dom féachaint do jab," faigheann sé an rúibric faoi jabanna agus léann sé amach ós árd,

"An bhfuil tusa ag lorg jab oiriúnach? Is féidir leis an gcomhairleacht jab "Pearsanra Oiriúnach" cabhair a thabiart duit. Déanfaidh ár gcomhairligh meastachán ar do bhuanna pearsanta agus molfaidh siad duit faoi an proifisiún is oiriúnaí."

Feachann Robert suas agus ar seisean: "David cad a cheapann tú?"

"Is é an jab is fearr duit ná a bheith ag glanadh trucail san fharraige agus ligeadh do a bheith ag snámháil," arsa Nancy agus go tapaigh ritheann sí amach as an seomra.

"Ni smaoineamh ró-olc é. Imeoimid anois," a fhreagraíonn

"I cannot understand Spanish. Listen, here is one more ad:

"Give away free farm kittens. Ready to eat. They will eat anything,"

Robert turns the newspaper, "Well, I think pets can wait. I will better look for a job," he finds the rubric about jobs and reads aloud,

"Are you looking for a suitable job? The job consultancy "Suitable personnel" can help you. _Our consultants will estimate your personal gifts and will give you a recommendation about the most suitable profession."

Robert looks up and says: "David what do you think?"

"The best job for you is washing a truck in the sea and let it float," Nancy says and quickly runs out of the room.

"It is not a bad idea. Let's go now," David answers and

David agus tógann sé an cat amach as an gciteal go cúramach, an áit a chuir Nancy an t-ainmhí nóiméad o shin.

Baineann Robert agus David an chomhairleacht jab "Pearsanra Oiriúnach" amach ar a rothair. Níl aon chiú, mar sin téann siad isteach. Tá beirt bhean ann. Tá ceann dóibh ag labhairt ar an bhfón. Ta bean eile ag scríobh rud éigin. Iarann sí ar Robert agus David suíochán a thógaint. Bean Sharp is ainm di. Cuireann sí ceist orthu a n-ainmeacha agus a n-aoiseanna.

"Bhuel, lig dom an módh a úsáidimid a mhíniú daoibh. Feach, tá cúig shaghas proifisiún.

1. An chéad shaghas is ea fear - nádúr. Proifisiúin: feirmeoir, oibrí zú srl.

2. An dara saghas is ea fear - measaín. Proifisiúin: píoltóa, tiománaí teacsaí, tiomanaí trucail srl.

3. An triú saghas is ea fear - fear. Proifisiúin: dochtúir, múinteoir, iriseoir srl.

4. An ceathrú saghas is ea fear - ríomhaire. Proifisiúin: aistritheoir, innealltóir, riomhchláraitheoir srl.

takes carefully the cat out of the kettle, where Nancy put the animal a minute ago.

Robert and David arrive to the job consultancy "Suitable personnel" by their bikes. There is no queue, so they go inside. There are two women there. One of them is speaking on the telephone. Another woman is writing something. She asks Robert and David to take seats. Her name is Mrs. Sharp. She asks them their names and their age.

"Well, let me explain the method which we use. Look, there are five kinds of professions.

1. The first kind is nature man. Professions: farmer, zoo worker etc.

2. The second kind is machine . Professions: pilot, taxi driver, truck driver etc.

3. The third kind is man - man. Professions: doctor, teacher, journalist etc.

4. The fourth kind is computer man. Professions: translator, engineer, programmer etc.

5. An cúigiú is ea fear - ealaín. Proifisiúin: scríbhneoir, ealaíonteoir, amhránaí srl.

Tugaimid moladh faoi gach proifisiún oiriúnach direach nuair a fhoghlamaimid níos mó fút. Ar dtús lig dom meastachán a dheanamh ar do bhuanna pearsanta. Caithfidh mé a fháil amach cad a thaitníonn leat agus cad nach dtaitníonn leat. Ansin beidh a fhios againn cén saghas proifisiúin atá oiriúnach duit. Le do thoil, líon isteach an ceistneoir anois," arsa Bean Sharp agus tugann sí na ceisteoirí dóibh. Líonann David agus Robert isteach na ceistneoirí.

Ceistneoir
Ainm: David Tweeter

Aire a thabhairt do mheaisíní - is cuma liom
Labhair le daoine - is maith liom
Custaiméirí a sheirbheáil - is cuma liom
Tiomán caranna, trucailí - is maith liom
Obair laistigh - is maith liom
Obair lasmuigh - is maith liom
Taisteal - is maith liom
Meastachán, seiceáil - is fuath liom
Obair salach - is cuma liom
Obair leadránach - is fuath liom
Obair cruaigh - is cuma liom
Bí mar cheannaire - is cuma liom
Obair i bhfoireann - is cuma liom

5. The fifth kind is art man. Professions: writer, artist, singer etc.

We give recommendations about a suitable profession only when we learn more about you. First let me estimate your personal gifts. I must know what you like and what you dislike. Then we will know which kind of profession is the most suitable for you. Please, fill inthe questionnaire now," Mrs. Sharp says and she gives them the questionnaires. David and Robert fill inthe questionnaires.

Questionnaire
Name: David Tweeter

Look after machines - I do not mind
Speak with people - I like
Serve customers - I do not mind
Drive cars, trucks - I like
Work inside - I like
Work outside - I like
Remember a lot - I do not mind
Travel - I like
Estimate, check - I hate
Dirty work - I do not mind
Monotonous work - I hate
Hard work - I do not mind
Be leader - I do not mind

Taibreamh agus tú ag obair - is
maith liom
Traenáil - is cuma liom
Obair cruthaitheach a dheanamh - is
maith liom
Obair le téacs - is maith liom

Ceistneoir
Ainm: Robert Genscher

Aire a thabhairt do mheaisíní - is
cuma liom
Labhair le daoine - is maith liom
Custaiméirí a sheirbheáil - is cuma
liom
Tiomán caranna, trucailí - is cuma
liom
Obair laistigh - is maith liom
Obair lasmuigh - is maith liom
Taisteal - is maith liom
Meastachán, seiceáil - is cuma liom
Obair salach - is cuma liom
Obair leadránach - is fuath liom
Obair cruaigh - is cuma liom
Bí mar cheannaire - is fuath liom
Obair i bhfoireann - is maith liom
Taibreamh agus tú ag obair - is
maith liom
Traenáil - is cuma liom
Obair cruthaitheach a dheanamh - is
maith liom
Obair le téacs - is maith liom

Questionnaire
Name: Robert Genscher

Work in team - I do not mind
Dream while working - I like
Train - I do not mind
Do creative work - I like
Work with texts - I like

Look aftermachines - I do not
mind
Speak with people - I like
Serve customers - I do not
mind
Drive cars, trucks - I do not
mind
Work inside - I like
Work outside - I like
Remember a lot - I do not
mind
Travel - I like
Estimate, check - I do not mind
Dirty work - I do not mind
Monotonous work - I hate
Hard work - I do not mind
Be leader - I hate
Work in team - I like
Dream while working - I like
Train - I do not mind
Do creative work - I like
Work with texts - I like

Words

Text

26

Ag cuir iarratas isteach go dtí "Nuacht San Francisco"

Applying to "San Francisco News"

A

Focail

Words

1. baineann - female
2. bánán, folamh - blank, empty
3. chuir sé/sí ceist ar - asked
4. coiriúil - criminal
5. cuir isteach ar - apply
6. cuir líne faoi - underline
7. dara hainm - middle name
8. d'fhéadadh - could
9. d'fhoghlaim faoi - learned about
10. d'oibrigh - worked
11. eagarthóir - editor
12. eolas - information
13. fág - leave

14. fiche a haon - twenty-one
15. fireann - male
16. foirm - form
17. gabh le - accompany
18. gneas - sex
19. Inion ní - Miss
20. líofacht - fluently
21. maoiniú - finance
22. meastachán - estimated
23. mhol - recommended
24. náisiúntacht - nationality
25. oideachas - education
26. patról - patrol
27. póilíní - police

28. réiltín - asterisk
29. réimse - field
30. seacht déag - seventeen
31. seachtain - week
32. shroich, bain amach - arrived
33. singil - single
34. slán - goodbye
35. stádas - status; stadas clainne - family status
36. thóg - took
37. thug - gave
38. tuairisceoir - reporter
39. tuairiscigh - report

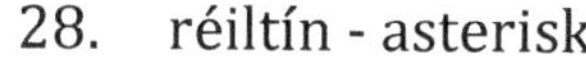 **B**

Mheas Bean Sharp freagaí le David agus Robert sa cheistneoir. Nuair a d'fhoghlaim sí faoina bhuanna pearsanta d'fhéadadh sí roinnt molta a thabhairt dóibh faoi phroifisiúin oiriúnach. Dúirt sí gurb é an triú saghas proifisiúin an ceann is oiriúnaí dóibh. D'fhéadadh siad obair mar dhochtúir, múinteoir nó iriseoir srl. Mhol Bean Sharp dóibh cuir isteach ar jab leis an nuachtán "Nuacht San Francisco". Thug siad jab páirt aimseartha do dhaltaí a bhféadadh tuarascáil póilíní a chumadh don rúibric coirpigh. Mar sin bhain

Mrs. Sharp estimated David's and Robert's answers in the questionnaires. When she learned about their personal gifts she could give them some recommendations about suitable professions. She said that the third sort of profession is the one most suitable for them. They could work as a doctor, a teacher or a journalist etc. _Mrs. Sharp recommended them to apply for a job with the newspaper „San Francisco News". They gave a part time job to students who could compose police reports for the criminal rubric.

Robert agus David amach roinnt pearsanra an nuachtán "Nuacht San Francisco" agus chuir siad isteach ar an jab.

"Bhíomar ag an gcomhairleacht jab "Pearsanra Oiriúnach" innu," arsa David le Iníon ní Slim, a bhí mar cheann an roinnt pearsanra, "Mhol siad dúinn iarratas a chuir isteach do do nuachtán."

"Bhuel, ar obair sibh mar tuairisceoir cheana féin?" a cheistigh Iníon Ní Slim.

"No, nior d'oibriomar," a fhregair David.

"Le do thoil, líon isteach na foimeacha faoi eolas pearsanta seo," arsa Inion Ní Slim agus thug sí dhá fhoirm dóibh. Líon Robert agus David isteach an dhá fhoirm faoi eolas pearsanta.

Foirm faoi eolas pearsanta

Tá ort lionadh isteach na réimsí le réiltín. Is feidir leat réimsí eile a fhagaint folamh.*

Chéad ainm* - David

Dara hainm

Sloinne* - Tweeter

So Robert and David arrived at the personnel department of the newspaper „San Francisco News" and applied for this job.

"We have been to the job consultancy "Suitable personnel" today," David said to Miss Slim, who was the head of the personnel department, "They have recommended us to apply to your newspaper."

"Well, have you worked as a reporter before?" Miss Slim asked.

"No, we have not," David answered.

"Please, fill inthese personal information forms," Miss Slim said and gave them two forms. Robert and David filled in the personal information forms.

Personal information form

*You must fill in thefields with asterisks *. You can leave other fields blank.*

First name* - David

Middle name

Last name* - Tweeter

Gnéas* (cuir líne faoi) - Fireann Baineann

Sex* (underline) - Male Female

Aois* - Trí bhliain is fiche

Age* - Twenty three years old

Náisiúntacht* - Meirceánach

Nationality* - US

Stadas clainne (cuir líne faoi) - singil pósta

Family status (underline) - single married

Seoladh* - Aon déag, Sráid na Banraíona, San Francisco, SAM

Address* - 11 Queen street, San Francisco, USA

Oideachas - Táim ag déanamh staidéar ar iriseoireacht sa triú bhlian san ollscoil

Education - I am studying Journalism in the third year at a college

Cá n-oibrís cheana fein? - D'obair mé ar feadh dhá mhí mar oibrí feirme

Where have you worked before? - I worked for two months as a farm worker

Cén taithí agus scileanna a bhíodh agat?* - is feidir liom tiomáint carr, trucail agus is feidir liom riomhaire a usáid

What experience and skills have you had?* - I can drive a car, a truck and I can use a computer

Teangacha* 0 - no, 10 - líofacht - Spáinish - 8, Béarla - 10

Languages* 0 - no, 10 - fluently - Spanish - 8, English - 10

Ceadúnas Tiomanaí* (cuir líne faoi) - No Sea Saghas: BC, is feidir liom trucail a thiomáint

Driving license* (underline) - No Yes Kind: BC, I can drive trucks

Tá post uait* (cuir líne faoi) - Lán aimseartha Páirt Aimseartha: cúig uair an chloig deag in aghaidh na seachtaine

You need a job* (underline) - Full time Part time: 15 hours a week

Teastaíonn uait tuilleadh - cuig dollar deag in aghaidh na huaire

You want to earn - 15 dollars per hour

Foirm faoi eolas pearsanta

Tá ort lionadh isteach na réimsí le réiltín. Is feidir leat réimsí eile a fhagaint folamh.*

Chéad ainm* - Robert

Dara hainm

Sloinne* - Genscher

Gnéas* (cuir líne faoi) - Fireann Baineann

Aois* - Bliain is fice

Náisiúntacht* - Gearmánach

Stadas clainne (cuir líne faoi) - singil pósta

Seoladh* - Seomra 218, dormanna na ndaltaí, 38 Sráid na hOllscoile, San Francisco, SAM.

Oideachas - Táim ag déanamh staidéar ar dearadh riomhaireachta i mo dhara bhliain san ollscoil

Cá n-oibrís cheana fein? - D'obair mé ar feadh dhá mhí mar oibrí feirme

Cén taithí agus scileanna a bhíodh agat?* - is féidir liom riomhaire a usáid

Teangacha* 0 - no, 10 - líofacht - Gearmáinish - 10, Béarla - 8

Ceadúnas Tiomanaí* (cuir líne faoi) - No Sea Saghas:

Personal information form

*You must fill up fields with asterisk *. You can leave other fields blank.*

First name* - Robert

Middle name

Last name* - Genscher

Sex* (underline) - Male Female

Age* - Twenty-one years old

Nationality* - German

Family status (underline) - Single Married

Address* - Room 218, student dorms, 38 College Street, San Francisco, USA.

_Education - I study computer design in the second year at a college

Where have you worked before? - I worked for two months as a farm worker

What experience and skills have you had?* - I can use a computer

Languages* 0 - no, 10 - fluently - German - 10, English - 8

Driving license* (underline) - No Yes Kind:

Tá post uait* (cuir líne faoi) - Lán aimseartha Páirt Aimseartha: cúig uair an chloig déag in aghaidh na seachtaine

Teastaíonn uait tuilleadh - cúig dollar déag in aghaidh na huaire

Thóg Inion Ní Slim a bhfoirmeacha eolas pearsanta go dtí eagarthóir an "Nuacht San Francisco".

"Tá an t-eagarthóir tar eis aontú," arsa Inion Ni Slim nuair a thaining sí ar ais, "Rachfaidh sibh i dteannta patról póilíní agus ansin cumfaidh sibh tuarascáil don rúibric coiriúlacht. Tiocfaidh carr poiliní amárach ag a cúig a chlog sa thráthnóna chun sibh a thabhairt ann. Bí anseo ag an am seo, an mbeidh sibh?"

"Cinnte,"a fhreagair Robert.

"Sea, beimid," arsa David, "Slán."

"Slán," a fhreagair Inion ní Slim.

You need a job* (underline) - Full time Part time: 15 hours a week

You want to earn - 15 dollars per hour

Miss Slim took their personal information forms to the editor of "San Francisco News".

"The editor has agreed," Miss Slim said when she came back, "You will accompany a police patrol and then compose reports for the criminal rubric. A police car will come tomorrow at five o'clock to take you with them. Be here at this time, will you?"

"Certainly," Robert answered.

"Yes, we will," David said, "Goodbye."

"Goodbye," Miss Slim answered.

Words

Text

27

Patról na póilíní (páirt a haon)
The police patrol (part 1)

A

Focail
Words

1. ag glamadh - howling
2. aláram - alarm
3. árd - high
4. bhéic - cried
5. bheith i bhfolach - hid
6. bhuail - met
7. bonnán - siren
8. Cad í an fhadhb? - What is the matter?
9. céad - hundred
10. ceangail - fasten
11. crios tarrthála - seat belts
12. damnaigh - damn
13. deabhadh - rushed
14. d'fhan - waited

15.   dhéan - did

16.   dó dhéag - twelve

17.   d'oscail - opened

18.   dúnta - closed

19.   eagla - afraid

20.   eochar - key

21.   féach timpeall - look around

22.   gabh le - accompanied

23.   gach aon duine - everybody

24.   gadaí - thief

25.   glais lámh - handcuffs

26.   gunna - gun

27.   luas - speed

28.   luasathóir - speeder

29.   micreafón - microphone

30.   oifigeach - officer, póilín - policeman

31.   praghas - price

32.   robáil - robbery

33.   sáirsint - sergeant

34.   tafann - barked

35.   teorainn - limit

36.   thaispeáin - showed

37.   theannaigh - stepped

38.   thiomáin - drove

39.   thosnaigh - started (to drive)

40.   thriail - tried

41.   thuig - understood

42.   tirim - dry (adj)

43.   toraíocht - pursuit

 **B**

Bhain Robert agus David amach an foirgneamh don nuachtán "Nuacht San Francisco" ag a cúig a chlog sa thráthnona an la dár gcion. Bhí an carr poilíní ag fanacht dóibh cheana féin. Chuaigh póilín amach as an gcarr.

Robert and David arrived at the building of the newspaper "San Francisco News" at five o'clock the next day. The police car was already waiting for them. A policeman got out of the car.

"Haileo. Is mise sáirsint Frank Strict," ar seisean nuair a tháining David agus Robert go dtí an carr.

"Hello. I am sergeant Frank Strict," he said when David and Robert came to the car.

"Haileo. Táim sásta bualadh leat. Is mise Robert. Caithfimid teacht in éineacht leat," a d'fhreagair Robert.

"Haileo. Is mise David. An raibh tú ag fanacht dúinn ar feadh tamaill fada?" a chesitigh David.

"No. Nilim ach tar éis teacht anseo. B'fhearra dúinn dul isteach sa charr. Tosnóimid ag patróláil na cathrach anois," arsa an póilín. Chuaigh siad go léir isteach sa charr póilíní.

"An bhfuil sibh ag dul in éineacht le patról póilín don chéad uair riamh?" a cheistigh an sáirsint Strict agus é ag tosnú an t-inneall.

"Níor chuamar in éineacht le patról póilíní riamh," a d'fhreagair David.

Ag an uair seo thosnaigh an raidió póilín ag labhairt: "Aire P11 agus P07! Tá carr gorm ag róluathú ar feadh sráid na hOllscoile."

"P07 tá sé agam," arsa an sáirsint Smith isteach sa mhicreafón. Ansin dúirt sé le na buachaillí: " Is é uimhir ár gcarr ná P07." Thiomáin carr mór gorm thar iad go han-tapaigh . Thóg Frank Strict an micreafón arís agus dúirt: "P07 ag

"Hello. Glad to meet you. My name is Robert. We must accompany you," Robert answered.

"Hello. I am David. Were you waiting long for us?" David asked.

"No. I have just arrived here. Let us get into the car. We begin city patrolling now," the policeman said. They all got into the police car.

"Are you accompanying a police patrol for the first time?" sergeant Strict asked starting the engine.

"We have never accompanied a police patrol before," David answered.

At this moment the police radio began to talk: "Attention P11 and P07! A blue car is speeding along College street."

"P07 got it," sergeant Strict said into the microphone. Then he said to the boys: "The number of our car is P07." A big blue car rushed past them very fast . Frank Strict took the microphone again and said:

labhairt anseo. Feicim an carr gorm atá ag róluathú. Tosnaigh an thorraíocht," ansin dúirt sé leis na buachaillí, "Ceangail bhur gcrios tarrthála." Thosnaigh an carr póilíní go tapaigh. Theannaigh an sairsint ar an ngás suas go dtí an stad agus las sé an bonnan. Bhrostaíodar leis an bonnan ag glamadh thar foirgnimh, cairr agus busanna. Chuir Frank Strict stop leis an gcarr gorm. Ghabh an sáirsint amach as an gcarr agus chuaigh se go dtí an luasathóir. Chuaigh David agus Robert ina dhiaidh.

"Is mise an póilín Frank Strict. Taispeáin dom do cheadúnas tiomanaí, le do thoil," arsa an póilín leis an luasathóir.

"Seo é mo cheadúnas tiomanaí," thaispeáin an tiomanaí a cheadúnas tiománaí, "Cad í an fhadhb?" a dúirt sé go feargach.

"Bhí tú ag tiomaint tríd na cathrach le luas do chéad ciliméadar is fiche in aghaidh na huaire. Is é an uas-luasteorainn ná caoga," arsa an sáirsint.

"Ah é seo. An bhfeiceann tú, táim direach tar eis mo charr a ghlanadh. Mar sin bhí me ag

"P07 speaking. I see the speeding blue car. Begin pursuit," then he said to the boys, "Fasten your seat belts." The police car started quickly. The sergeant stepped on the gas up to the furthestand switched on the siren. They rushed with the siren wailing past buildings, cars and buses. Frank Strict made the blue car stop. Sergeant got out of the car and went to the speeder. David and Robert went after him.

"I am police officer Frank Strict. Show me your driving license, please," the policeman said to the speeder.

"Here is my driving license," the driver showed his driving license, "What is the matter?" he said angrily.

"You were driving through the city with a speed of one hundred and twenty kilometers an hour. The speed limit is fifty," the sergeant said.

"Ah, this. You see, I have just washed my car. So I was

tiomáint beagán níos tapúla chun é a thrimiú,” a dúirt an fear le meangadh sleamhnach.

“An gcosnaíonn sé morán chun do charr a ghlanadh?” a chesitigh an póilín.

“Ní morán. Cosnaionn sé dhá dhollar déag,” arsa an luasathóir.

“Nil a fhios agat na praghasanna,” arsa an sáirsint Strict, “Le ceart cosnaíonn sé dhá chéad is dó dhéag dollar mar díolfaidh tú dhá chéad dollar chun an carr a thriomadh. Seo é an ticéad. Bíodh lá deas agat,” arsa an póilín. Thug sé ticéad luas do dhá chead dollar agus an ceadúnas tiománaí don luasathóir agus chuaigh se ar ais go dtí an carr poilíní.

“Frank, ceapaim go bhfuil an-chuid taithí agat le luasathóirí, nach bhfuil?” a cheistigh David an póilín.

“Bhuail mé le an-chuid dóibh,” arsa Frank agus é ag tosnu an t-inneall, “Ar dtús féachann siad ar nós tígear feargach nó madraí rua sleamhain. Ach tar éis a labhraim leo, féachann siad ar nós piscín eaglach nó moncaithe amaideach. Ar nós an ceann sin sa charr gorm.”

driving a little faster to dry it,” the man said with a sly smile.

“Does it cost much to wash the car?” the policeman asked.

“Not much. It cost twelve dollars,” the speeder said.

“You do not know the prices,” sergeant Strict said, “It really costs you two hundred and twelve dollars because you will pay two hundred dollars for drying the car. Here is the ticket. Have a nice day,” the policeman said. He gave a speeding ticket for two hundred dollars and the driving license to the speeder and went back to the police car.

“Frank, I think you have lots of experiences with speeders, haven’t you?” David asked the policeman.

“I have met many of them,” Frank said starting the engine, “At first they look like angry tigers or sly foxes. But after I speak with them, they look like frightened kittens or silly monkeys. Like that one in the blue car.”

Idir an dá linn bhí carr beag bán ag tiomáint go mall ar feadh na sráide, ní ró-fhada ó phairc na cathrach. Stad an carr in aice siopa. Ghabh fear agus bean amach as an gcarr and chuaigh siad suas go dtí an siopa. Bhí se dúnta. D'fhéach an fear timpeall. Ansin go tapaigh thóg sé amach roinnt eochracha agus thriail sé an doras a oscailt. Ar deireadh d'oscail sé é agus chuadar isteach.

"Féach! Tá scata gunaí anseo!" arsa an bhean. Thóg sí amach mála mór agus thosnaigh sí ag cur gach rud isteach ann. Nuair a bhí an mála lán, thóg sí go dtí an carr é agus tháining sí ar ais.

"Tóg gach rud go tapaigh! Oh! Hata iontach!" arsa an fear. Thóg sé hata mór dubh ó fhuinneog an tsiopa agus chuir sé air é.

"Féach ar an ngúna seo! Is maith liom é go mór!" arsa an bhean agus go tapaigh chuir sí uirthi an gúna. Ni raibh a thuilleadh málaí aici. Mar sin thóg sí níos mó rudaí ina lámha, rith sí lasmuigh agus chuir sí ar an gcarr iad. Ansin rith sí laistigh chun a thuilleadh rudaí a thabhairt léi.

Bhi an carr poilín P07 ag tiomáint go mall ar feadh páirc na

Meanwhile a little white car was slowly driving along a street not far from the city park. The car stopped near a shop. A man and a woman got out of the car and went up to the shop. It was closed. The man looked around. Then he quickly took out some keys and tried to open the door. _At last he opened it and they went inside.

"Look! There are so many dresses here!" the woman said. She took out a big bag and began to put in everything into it. When the bag was full, she took it to the car and she came back.

"Take everything quickly! Oh! A wonderful hat!" the man said. He took a big black hat from the shop window and put it on.

"Look at this dress! I like it so much!" the woman said and quickly put on the dress. She did not have any more bags. So she took more things in her hands, ran outside and put them on the car. Then she ran inside to bring more things.

cathrach nuair a thosnaigh an raidió ag labhairt: "Aire gach phatróil. Tá aláram robála againn ó shiopa in aice páirc na cathrach. Is é seoladh an tsiopa ná seachtó dó Sráid na Páirce.

"P07 tá sé agam," arsa Frank isteach sa mhicreafón, "Táim an-gharraid don áit seo. Tiomáinim ann." Fuair siad an siopa an-thapaigh agus tiomáineadar suas go dtí an carr bán. Ansin ghabh siad amach as an gcarr agus chuaigh siad i bhfolach laistiar do. Rith an bhean sa ghúna nua amach as an siopa. Chuir sí roinnt gúnaí ar an gcarr poilíní agus rith sí thar n-ais isteach sa shiopa. Rinne an bhean é an-thapaigh. Ni fheaca sí gur charr poilíní a bhí ann!

"Damnaigh! Rinne mé dearmad ar mo ghunna sa stáisiún poilíní!" arsa Frank. D'fhéach Robert agus David ar an sáirsint Strict agus ansin in ionadh ar a gcéile. Bhí an méid sin mearbhall ar an bpoilín gur thuig David agus Robert go raibh orthu cabhair a thabhairt do. Rith an bhean amach as an siopa arís, chuir sí roinnt gúnaí ar an gcarr poilíní agus rith sí ar ais. Ansin dúirt David

The police car P07 was slowly driving along the city park when the radio began to talk: "Attention all patrols. We have got a robbery alarm from a shop near the city park. The address of the shop is 72 Park street."

"P07 got it," Frank said into the microphone, "I am very close to this place. I will drive there." They found the shop very quickly and drove up to the white car. Then they got out of the car and hid behind it. The woman in new dress ran out of the shop. She put some dresses on the police car and ran back in the shop. _The woman did it very quickly. She did not see that it was a police car!

"Damn it! I forgot my gun in the police station!" Frank said. Robert and David looked at the sergeant Strict and then surprised at each other. The policeman was so confused that David and Robert understood they must help him. The woman ran out of the shop again, put some dresses on the police car and

le Frank: "Is féidir linn ligeant orainn go bhfuil gunnaí againn."

"Déanfaimid é," a d'fhreagair Frank, "Ach ná gabhadh sibhse suas. B'fhéidir go mbeidh gunnaí ag na gadaí," ar seisean agus ansin bhéic sé, "Is é seo na póilíní ag labhairt! Gach aon duine atá istigh sa shiopa cuir do lámha suas agus gabh amach as an siopa go mall duine ar dhuine!"

D'fhanadar ar feadh nóiméid. Níor tháining aon duine amach. Ansin bhí smaoineamh ag Robert.

"Muna dtagann tú amach anois, cuirfimid an madra póilíní oraibh!" a bhéic sé agus ansin rinne sé tafann ar nós madra mór feargach. Rith na gadaí amach lena lámha suas láithreach. Chuir Frank na glais lámh orthu go tapaigh agus chuir sé iad go dtí an carr poilíní. Ansin dúirt sé le Robert. "Smaoineamh iontach ab ea é ligeant orainn go bhfuil madra againn! An bhfeiceann tú, táim tar éis dearmad a dhéanamh ar mo ghunnaí dhá bhabhta cheana féin. Má bhfoghlamaíonn siad go bhfuilim tar éis dearmad a dhéanamh air don thriú babhta, b'fhéidir go dtabharfaidh siad an bóthar dom nó cuirfidh siad iachall orm obair oifige

ran back. Then David said to Frank: "We can pretend that we have guns."

"Let's do it," Frank answered, "But you do not get up. The thieves may have guns," he said and then cried, "This is the police speaking! Everybody who is inside the shop put your hands up and come slowly one by one out of the shop!"

They waited for a minute. Nobody came out. Then Robert had an idea.

"If you do not come out now, we will set the police dog on you!" he cried and then barked like a big angry dog. The thieves ran out with hands up immediately. Frank quickly put handcuffs on them and got them to the police car. Then he said to Robert: "It was a great idea pretending that we have a dog! You see, I have forgotten my gun two times already. If they learn that I have forgotten it for the

a dhéanamh. Ní inseoidh sibh le aon duine faoi, an ninseoidh sibh?

"Cinnte, ní inseoidh mé!" arsa Robert.

"Ní inseoidh mé riamh," arsa David.

"Go raibh mile maith agaibh as cabhair a thabhairt dom, a bhuachaillí!" chrith Frank a lámha go láidir.

third time, they may fire me or make me do office work. _You will not tell anybody about it, will you?"

"Sure, not!" Robert said.

"Never," David said.

"Thank you very much for helping me, guys!" Frank shook their hands strongly.

Words

Text

28

An patról póilíní (páirt a dó)
The police patrol (part 2)

A

Focail
Words

1. airgead - cash
2. annamh - seldom
3. aon cheann, chomh maith, chomh maith - either, too, also
4. bruigh - press
5. cé - whose
6. chas - turned
7. chonaic - saw
8. cnaipe - button
9. cosain - protect
10. d'fhreagair - answered
11. d'oscail - opened
12. duine éigin - somebody
13. fir - men
14. fón - phone
15. fós - yet
16. Gabh mo leithscéal - Excuse me.

17. gadaí - robber
18. gadaíocht - robbery
19. gan aithne - unconscious
20. ghlaoigh - rang
21. glaoch a chuir - to phone
22. glic - clever
23. gloine - glass
24. gnách - usual
25. go rúnda - secretly
26. goidithe - stolen
27. imithe - gone
28. inné - yesterday
29. is mise le meas - yours sincerely
30. lámhach - shot
31. lárionad siopadóireachta - shopping center
32. leithscéal - excuse
33. mo - mine
34. póca - pocket
35. ricochet - ricochet
36. sábhálta - safe
37. scipead cláraithe - cash register
38. soghluaiste - mobile
39. thógadh - taken

B

An lár dár gcion bhí David agus Robert i dteannta Frank arís. Bhí siad ag seasamh in aice lárionad siopadóireacht mór nuair a tháining bean chucu.

"An bhféidir leat cabhair a thabhairt dom, le do thoil?" a cheistigh sí.

"Cinnte, a bhean uasal. Cad a thárla?" a cheistigh Frank.

"Tá mo fhón soghluaiste imithe. Ceapaim go ngoideadh é."

"An raibh sé in úsáid inniu?" a cheistigh an póilín.

Next day Robert and David were accompanying Frank again. They were standing near a big shopping centre when a woman came to them.

"Can you help me please?" she asked.

"Sure, madam. What has happened?" Frank asked.

"My mobile phone is gone. I think it has been stolen."

"Has it been used today?" the policeman asked.

"D'úsáid mé é sara ndeachaigh mé amach go dtí an lárionad siopadóireachta," a d'fhreagair sí.

"Rachfaimid laistigh," arsa Frank. Chuaigh siad isteach sa lárionad siopadóireachta agus d'fheachadar timpeall. Bhí scata daoine ann.

"Trialfaimid sean chleas," arsa Frank agus é ag tógaint amach a fhón féin, "Cad é d'uimhir fhón?" a cheistigh sé an bhean. Dúirt sí éagus chuir sé glaoch ar a huimhir fón. Thosnaigh fón soghluaiste ag bualadh ní ró-fhada uathu. Chuaigh siad go dtí an áit a bhí sé ag bualadh. Bhí ciú ann. D'fheach fear sa chiú ar an bpóilín agus ansin chas sé a cheann uaidh go tapaigh. Chuaigh an poilín níos giorra ag éisteacht go cúramach. Bhí an fón ag bualadh i bpóca an fhir.

"Gabh mo leithscéal," arsa Frank. D'fheach an fear air.

"Gabh mo leithscéal, ta dó fhón ag bualadh," arsa Frank.

"Cén áit?" arsa an fear.

"Anseo, i do phóca," arsa Frank.

"It had been used by me before I went out of the shopping centre," she answered.

"Let's get inside," Frank said. They went into the shopping centre and looked around. There were many people there.

"Let's try an old trick," Frank said taking out his own phone, "What is your telephone number?" he asked the woman. She told him it and he called her telephone number. A mobile telephone rang not far from them. They went to the place where it was ringing. There was a queue there. A man in the queue looked at the policeman and then quickly turned his head away. The policeman came closer listening carefully. The telephone was ringing in the man's pocket.

"Excuse me," Frank said. The man looked at him.

"Excuse me, your telephone is ringing," Frank said.

"Where?" the man said.

"Here, in your pocket," Frank said.

"No, níl sé," arsa an fear.

"Sea, tá sé," arsa Frank.

"Ní liomsa é," arsa an fear.

"Mar sin cé leis an fón atá ag bualadh i do phóca?" arsa Frank.

"Níl a fhios agam," a d'fhreagair an fear.

"Lig dom feiscint, le do thoil," arsa Frank agus thóg sé an fón amach as póca an fhir.

"Oh, is liomsa é!" a bhéic an bhean.

"Tóg do fhón, a bhean uasal," arsa Frank agus é ag tabhairt an fhóin di.

"An bhféidir liom, a fhear uasal?" a cheistigh Frank agus chuir sé a lámh isteach i bpóca an fhir arís. Thóg sé amach fón eile, agus ansin ceann amháin eile.

"Nach leatsa iad seo ach an oiread?" a chesitigh Frank an fear.

Chruth an fear a cheann ag féachaint an treo eile.

"Nach aisteach na fóin iad seo!" a bhéic Frank, "Rith siad óna n-úinéirí agus léim siad isteach i bpócaí an fhir seo! Agus anois ta

"No, it is not," the man said.

"Yes, it is," Frank said

"It is not mine," the man said.

"Then whose telephone is ringing in your pocket?" Frank asked.

"I do not know," the man answered.

"Let me see, please," Frank said and took the telephone out of the man's pocket.

"Oh, it is mine!" the woman cried.

"Take your telephone, madam," Frank said giving it to her.

"May I, sir?" Frank asked and put his hand in the man's pocket again. He took out another telephone, and then one more.

"Are they not yours either?" Frank asked the man.

The man shook his head looking away.

"What strange telephones!" Frank cried, "They ran away from their owners and jumped into the pockets of this man!

siad ag bualadh ina phócaí, nach bhfuil siad?"

"Sea, tá siad," arsa an fear.

"Ta a fhios agat, is e mo jab na daoine a chosaint. Agus cosnóidh mé tusa uathu. Téir isteach i mo charr agus tabharfaidh mé tú go dtí an áit nach bhféidir le aon fhón léimeadh isteach i do phóca. Rachfaimid go dtí stáisiún na pólíní," arsa an póilín. Ansin thóg sé an fear faoina ghéag agus thóg sé é go dtí a charr.

"Is maith liom coiriúlaigh amaideach," rinne Frank Strict meangadh tar éis a thógadar an gadaí go dtí stáisiún na póilíní.

"Ar bhuail tú le cinn cliste?" a cheistigh David.

"Sea, bhuail mé. Ach ní ró-annamh," a d'fhreagair an poilín, "Mar tá sé an-dheacair breith ar choiriúil cliste."

Idir an dá linn tháinig beirt fhear isteach sa Bhanc Luais. Thóg ceann dóibh áit sa chiú. Tháining ceann eile suas go dtí an scaipéad cláraithe agus thug sé paipéar go dtí an t-airgeadóir.

And now they are ringing in his pockets, aren't they?"

"Yes, they are," the man said.

"You know, my job is to protect people. And I will protect you from them. Get in my car and I will bring you to the place where no telephone can jump in your pocket. We go to the police station," the policeman said. Then he took the man by the arm and took him to his car.

"I like silly criminals," Frank Strict smiled after they had taken the thief to the police station.

"Have you met smart ones?" David asked.

"Yes, I have. But very seldom," the policeman answered, "Because it is very hard to catch a smart criminal."

Meanwhile two men came into the Express Bank. One of them took a place in a queue. Another one came up to the cash register and gave a paper to the

Thóg an t-airgeadóir an paipéar agus léigh:

"A dhuine uasal,

Seo gadaíocht don Bhanc Luais. Tabhair dom d'airgead ar fad. Muna dtugann tú, mar sin úsáidfidh mé mo ghunna. Go raibh maith agat.

Is mise le meas,

Bob"

"Is dóigh liom go bhfeidir liom cabhair a thabhairt duit," arsa an t-airgeadóir ag brú go rúnda an cnaipe aláram, "Ach chuir mise an t-airgead faoi ghlas sa thaisceadán inné. Níor osclaíodh an taisceadán fós. Cuirfidh mé ceist ar dhuine éigin an taisceadán a oscailt agus an t-airgead a thabhairt. OK?"

"OK! Ach déan é go tapaigh!" a d'fhreagair an gadaí.

"An ndéanfaidh mé cupán caife agus an t-airgead á chuir isteach sna málaí?" a cheistigh an t-airgeadóir.

"No, go raibh maith agat. Díreach airgead," a d'fhreagair an gadaí.

cashier. The cashier took the paper and read:

"Dear Sir,

this is a robbery of the Express Bank. _Give me all your money. If you do not, then I will use my gun. Thank you.

Sincerely yours,

Bob"

"I think I can help you," the cashier said pressing secretly the alarm button, "But the money had been locked by me in the safe yesterday. _The safe has not been opened yet. I will ask somebody to open the safe and bring the money. Okay?"

"Okay! But do it quickly!" the robber answered.

"Shall I make you a cup of coffee while the money is being put in bags?" the cashier asked.

"No, thank you. Just money," the robber answered.

Thosnaigh an raidió sa charr póilín P07 ag labhairt: "Aire na patróil ar fad. Tá aláram gadaithe againn ón mBanc Luais."

"P07 tá sé agam," a d'fhreagair an sáirsint Strict. Theannaigh sé ar an ngás suas go dtí an stadagus thosnaigh an carr go tapaigh. Nuair a thiománandar suas go dtí an banc, ní raibh aon charr póilíní eile ann fós.

"Deanfaimid tuairisc suimiúil má théifimid isteach," arsa David.

"Sibhse déan cad a chaithfidh sibh a dhéanamh. Agus rachfaidh mise laistigh tríd an cúldorais," arsa an sáirsint Strict. Thóg sé amach a ghunna agus go tapaigh chuaigh sé go dtí cúldorais an bhainc. Chuaigh David agus Robert isteach sa bhanc tríd an doras lárnach. Chonaic siad fear ina sheasamh in aice an scipéad cláraithe. Chuir se lámh amháin ina phóca agus d'fheach sé timpeall. Thóg an fear, a tháining i dteannta leis, coiscéim ón gciú agus tháining sé suas chuige.

"Cá bhfuil an t-airgead?" a cheistigh sé Bob.

The radio in the police car P07 began to talk: "Attention all patrols. We have got a robbery alarm from the Express Bank."

"P07 got it," sergeant Strict answered. He stepped on the gas to the maximumand the car started quickly. When they drove up to the bank, there wereno other police cars there yet.

"We will make an interesting report if we go inside," David said.

"You guys do what you have to do. And I will come inside through the back door," sergeant Strict said. He took out his gun and went quickly to the back door of the bank. David and Robert came into the bank through the central door. They saw a man standing near the cash register. He put one hand in his pocket and looked around. The man, who came with him, stepped away from the queue and came up to him.

"Where is the money?" he asked Bob.

"Roger, tá an t-airgeadóir tar éis rá go bhfuilfear á chuir isteach sna málaí," a d'fhreagair gadaí eile.

"Táim tuirseach do bheith ag fanacht!" arsa Roger. Thóg sé gunna agus phointeáil sé é ar an n-airgeadóir, "Tabhair an t-airgead ar fad anois!" a bhéic an gadaí ar an n-airgeadóir. Ansin chuaigh sé go dtí lár an tseomra agus bhéic sé: "Éist gach aon duine! Seo gadaíocht! Ná bogadh aon duine!" Ag an uair seo bhog duine éigin in aice an scipéid cláraithe. Lamhach an gadaí leis an ngunna gan féachaint. Thit gadaí eile ar an n-úrlár agus bhéic sé: "Roger! A amadáin! Damnaigh! Lamhach tú mé!"

"Oh Bobby! Ní fheaca mé thú!" arsa Roger. Ag an uair seo rith an t-airgeadóir amach go tapaigh.

"Tá an t-airgeadóir tar éis éalú agus nílfear tar éis an t-airgead a thógaint fós! A bhéic Roger go dtí Bob, " D'fhéadadh na poilíní teacht go luath! Cad a dheanfaimid?"

"Tóg rud éigin mór, bris an ghloine agus tóg an t-airgead. Go tapaigh!" a bhéic Bob. Thóg Roger

"Roger, the cashier has said that it is being put in bags," another robber answered.

"I am tired of waiting!" Roger said. He took out a gun and pointed it to the cashier, "Bring all the money now!" the robber cried at the cashier. Then he went to the middle of the room and cried: "Listen everyone! This is a robbery! Nobody move!" At this moment somebody near the cash register moved. The robber shotthe gun without looking shot at him. Another robber fell on the floor and cried: "Roger! You idiot! Damn it! You have shot me!"

"Oh, Bobby! I did not see you!" Roger said. At this moment the cashier quickly ran out.

"The cashier has run away and the money has not been broughthere yet!" Roger cried to Bob, "The police may arrive soon! What shall we do?"

"Take something big, break the glass and take the money.

cathaoir mhiotal agus bhuail sé gloine an scipéad cláraithe. Ní ghnáth gloine a bhí ann gan dabht agus níor bhris sé. Ach chuaigh an chathaoir thar n-ais trí ricochet agus bhuail sé an gadaí sa cheann! Thit sé ar an n-úrlár gan aithe. Ag an uair seo rith an sáirsint Strict isteach agus go tapaigh agus chuir sé na glais lámh ar na gadaithe. Chas sé go dtí David agus Robert.

"Dúirt libh! Tá an cuid is mó do choiriúlaigh amaideach!" ar seisean.

Words

Quickly!" Bob cried. Roger took a metal chair and hit the glass of the cash register. It was of course not usual glass and it did not break. _But the chair went back by ricochet and hit the robber on the head! He fell on the floor unconsciously. At this moment sergeant Strict ran inside and quickly put handcuffs on the robbers. He turned to David and Robert.

"I did say! Most criminals are just silly!" he said.

Text

29

Scoil do dhaltaí eachtrannach (SDE) agus au pair
School for Foreign Students (SFS) and au pair

A

Focail
Words

1. ag foghlaim - learning
2. an clann óstaigh - the host family
3. aontú - agreement
4. athraigh - change
5. caighdeán - standard
6. chomh maith - also
7. cláraigh - join
8. comórtas - competition
9. cúrsa - course
10. dáta - date
11. dhá bhabhta - twice
12. dóchas - hope
13. duine - person
14. fadhb - problem
15. féidearthacht - possibility
16. glaoch - called
17. iníon - daughter

18. íoctha - paid
19. is giorre - nearest
20. leatromach - fair
21. litir - letter
22. mar, ó - as, since (kausal)
23. Meiriceá Thuaidh agus an Eoráise - North America and Eurasia
24. mhair - lived
25. na Stáit Aontaithe, na SAM - the United States, the USA
26. ó - since (temporal)
27. óstach - host
28. pá - pay
29. phasáil - passed
30. phioc - chose
31. pioc - choose
32. rannpháirtí - participant
33. ríomhphost - e-mail
34. scríobh - wrote
35. seirbhíseach - servant
36. seolta - sent
37. sinsear - elder
38. sráidbhaile - village
39. suíomh idirlíne - Internet site
40. thugadh cuairt ar - visited
41. tír - country
42. uair - once

 **B**

Mhair deirfiúr, deartháir agus tuismitheoirí Robert sa Ghearmáin. Mhair siad i Hannover. Gabi an t-ainm a bhí ar an ndeirfiúr. Bhí sí fiche bliain d'aois. D'fhoghlaim sí Béarla ó a bhí sí aon bhliain déag d'aois. Nuair a bhí Gabi cúig bhliain déag d'aois, theastaigh uaithi páirt a ghlacadh sa chlár SDE. Tugann SDE an seans do dhaltaí dara leibhéal ón nEoráise bliain a chaitheamh i SAM, ag maireachtaint le clann óstaighagus ag staidéar i

Robert's sister, brother and parents lived in Germany. They lived in Hannover. The sister's name was Gabi. She was twenty years old. She had learned English since she was eleven years old. When Gabi was fifteen years old, she wanted to take part in the program SFS. SFS gives the possibility for some high school students from Eurasia to spend a year in the USA, living with a host family and studying in an American

meánscoil Meiriceánach. Tá an clár saor in aisce. Díolann an SDE as na ticeidí eitleáin, ag maireachtaint leis an gclann, bia, an staidéar ag an meánscoil Meiriceánach. Ach faoin dtráth go bhfuair sí an t-eolas mar gheall ar dháta an chomórtais ó shuíomh idirlíne, bhí lá an chomórtais tar éis imeacht.

Ansin d'fhoghlaim sí faoin gclár au pair. Tugann an clár seo seans dona ronnpháirtithe bliain nó dhó a chaitheamh i dtír eile le clann óstaigh, ag tabhairt aire do leanaí agus ag foghlaim i gcúrsa teangacha. Toisc go raibh Robert ag déanamh staidéar i San Francisco, scríobh Gabi ríomhphost chuige. D'iarr sí air chun chlann óstaigh a fháil di i SAM. D'fhéach Robert tríd roinnt nuachtáin agus suíomhanna idirlíne le fógraí. Fuair sé roinnt clainne óstach ó SAM ag http://www.aupair-world.net/. Ansin thóg Robert cuairt ar gnólacht au pair i San Francisco. Fuair sé comhairle ó bhean. Alice Sunflower ab ainm di.

"Ta mo dheirfiúr ón nGearmáin. Ba mhaith léi a bheith

school. _The program is free. Airplane tickets, living with a family, food, studying at American school are paid by SFS. But by the time when she got the information about the competition date from the Internet site, the application datehad passed.

Then she learned about the au pair program. This program gives its participants the possibility to spend a year or two in another country living with a host family, looking after children and learning at a language course. _Since Robert was studying in San Francisco, Gabi wrote him an e-mail. She asked him to find a host family for her in the USA. Robert looked through some newspapers and Internet sites with adverts. He found some host families from the USA on http://www.aupair-world.net/. Then Robert visited an au pair agency in San Francisco. He was consulted by a woman. Her name was Alice Sunflower.

"My sister is from Germany. She would like to be an au pair

mar au pair le clann Meiriceánach. An bhféidir leat cabhair a thabhairt ar an n-ábhar seo?" a chesitigh Robert Alice.

"Beidh mé an-shásta cabhair a thabhairt duit. Cuirfimid au pairs le clainne ar fud SAM. Duine a chláraíonn le clann óstaigh chun cabhair a thabhairt timpeall an tí agus aire a thabhairt do leanaí is ea au pair. Tá ar an gclann óstaigh díol do chúrsa teanga don au pair chomh maith," arsa Alice.

"An bhfuil clainne maith agus olc?" a cheistigh Robert.

"Tá dhá fhadhb agus clann á roghnú agat. Ar an gcéad dul síos ceapann clainne áirithe go searbhónta iad au pair a chaithfidh gach rud a dhéanamh sa theach, cócaireacht do gach ball don chlann, glandadh, obair sa gháirdín srl. san áireamh. Ach ní shearbhónta iad au pair. Tá au pair ar nós iníon nó mac sinsear don chlann a chabhraíonn leis an gclann óstaigh. Ná creid é nuair a deir roinnt gnólaigh au pair nó clainne óstach go n-úsaideann siad aontú "caighdeánach". Níl aon aontú caighdeánach. Is féidir leis

with an American family. Can you help on this matter?" Robert asked Alice.

"I will be glad to help you. We place au pairs with families all over the USA. An au pair is a person who joins a host family to help around the house and look after children. The host family must pay for a language course for the au pair as well," Alice said.

"Are there good and bad families?" Robert asked.

"There are two problems about choosing a family. First some families think that an au pair is a servant who must do everything in the house including cooking for all family members, cleaning, washing, working in the garden etc. _But an au pair is not a servant. An au pair is like an elder daughter or son of the family who helps the host family. Do not believe it when some au pair agencies or host families say that they use a "standard" agreement. There is no standard agreement. The au pair can change any part of the

an au pair aon pháirt don aontú a athrú má thá sé mí-fhéarálta. Caithfidh gach rud a dhéanfaidh au pair agus clann óstaigh a scríobh síos in aontú.

Is í an dara fhadhb ná é seo: Maireann clainne áirithe i sráidbhailte beaga nach bhfuil aon chúrsaí teangacha agus níl morán áiteanna go bhféidir le au pair dul ina am spárálta. Sa chás seo caithfear aontú a chuir san áireamh go gcaithfidh an clann óstach díol i gcomhair ticéidí dhá shlí go dtí an baile mór is giorre nuair a théann an au pair ann. D'fheadadh sé a bheith uair nó dhó sa seachtain."

"Feicim. Ba mhaith le mo dheirfiúr clann ó San Francisco. An bhféidir leat clann maith a aimsiú sa chathair seo?" a cheistigh Robert.

"Bhuel, ta timpeall fiche clainne ó San Francisco anois," a d'fhreagair Alice. Chuir sí glaoch ar chuid dóibh. Bhí na clainne óstach sásta au pair ón nGearmáin a bheith acu. Theastaigh ón gcuid is mó de na clainne litir le grianghraf a fháil ó Ghabi.

agreement if it is unfair. Everything that an au pair and host family will do must be written in an agreement.

The second problem is this: Some families live in small villages where there are no language courses and few places where an au pair can go in free time. In this situation it is necessary to include in the agreement that the host family must pay for two way tickets to the nearest big town when the au pair goes there. It may be once or twice a week."

"I see. My sister would like a family from San Francisco. Can you find a good family in this city?" Robert asked.

"Well, there are about twenty families from San Francisco now," Alice answered. She telephoned some of them. The host families were glad to have an au pair from Germany. Most of the families wanted to get a letter with a photograph from Gabi. Some of them also

Theastaigh ó chuid dóibh chomh maith glaoch fón a chuir uirthi chun déanamh cinnte go labhrann sí beagán Béarla. Ansin sheol sí litreacha chucu. Ar deireadh phioc sí clann oiriúnach agus le cabhair ó Alice d'oibrigh sí amach aontú leo. D'ioc an chlann don thicéad ón nGearmáin go dtí SAM. Ar deireadh thosnaigh Gabi i gcomhair SAM lán do dhóchas agus taibrimh.

wanted to telephone her to be sure that she can speak English a little. Then she sent them letters. At last she chose a suitable family and with the help of Alice worked out an agreement with them. The family paid for the ticket from Germany to the USA. _At last Gabi started for the USA full of hopes and dreams.

Words

Text

Irish-English dictionary

a - her, his, its, their
a bheith ar leanúint - be continued
a bheith brónach - be sorry
a bheith náirithe - be ashamed
a chlog - o'clock
a chur ort - put on
a mholadh - recommend
abair - say
ach - but
aer - air
ag - at; have
ag an am céanna - at the same time
ag damhsa - dancing
ag foghlaim - learning
ag foilsiú - publishing
ag glamadh - howling
ag obair - working
ag rith - running
ag snámháil - float
ag teastáil - need, want
ag titim - falling
aghaidh - face
agus - and
agus é ag - while
aimsir - weather
ainm - name
ainmhí - animal
aird - attention
aird a thabhairt do - pay attention to
aire - care
airgead - money
aisteach - strange
aistritheoir - translator
áit - place
aithníonn siad a chéile - know each other
álainn - beautiful

aláram - alarm
am - time
am saor - free time
amaideach - silly
amárach - tomorrow
an- - really; very
an clann óstaigh - the host family
an Domhan - earth
an Pholainn - Poland
an stuif seo - this stuff
annamh - seldom
anois - now
anseo - here (a place)
anseo tá - here is
ansin - then; there
aoi - guest
aois - age
aon - any, one
aon duine - nobody
aon rud - anything
aon-dhéag - eleven
aontaigh - agree
aontú - agreement
ar - on
ár - our
ar a laghad - at least
ar an eolas - informed
ar chos - on foot
ar deireadh - at last
ar dheis - right
ar dtús - at first
ar feadh - along
ar fheabhas - great
arán - bread
árd - high
ardaitheoir - lift
arís - again
as ord - out of order
aspirin - aspirin
athair - dad

athraigh - change
athshlánaigh - rehabilitate
athshlánú - rehabilitation
ba cheart, ba chóir - must
babóg, dollaí - doll
bac - bother
bád - ship
baile - home, town
bain amach - arrive
bain taitneamh as - enjoy
baineann - female
báisteach - rain
ball - member
bán - white
bánán, folamh - blank, empty
banc - bank
básaigh - die
beag - little, small
beagán - few, slightly
bean - woman
b'fhéidir - able
bhás - died
bhéic - cried
bheith i bhfolach - hid
bhí - had, was, were
bhí fhios - knew
bhí grá - loved
bhog - moved
bhuail - met
bí - be
bí ar an eolas faoi - know
bia - food
bileog - sheet
billiún - billion
binse - bench
bíp - beep
blasta - tasty
bláth - flower
bliain - year
bliain ó shin - a year ago
bocht - poor
bog - warm

boird - tables
boladh dona - stinking
bonnán - siren
bord - table
bord leithris - bathroom table
bosca - box
bóthar - road
braistint, braith - feeling
breá - fine
bréagán - toy
breith - catch
bricfeasta - breakfast
briseadh, sos - break, pause
brístí - trousers
brón - sad
bronntanas - gift
bruigh - press
buachaill - boy, boyfriend
buail - meet, hit, beat
buí - yellow
buicéad - pail
bus - bus
cá - where
cabhair - help
cábla - cable
cad - what
caife - café, coffee
caighdeán - standard
cailín - girl, girlfriend
caint - talk
cairdiúil - friendly
caith - spend
can - sing
cangarú - kangaroo
captaen - captain
cara - friend
carr - car
cás - situation
cas - turn
cas amach - turn off
cas ar siúl - turn on
cat - cat

cathain - when
cathair - city
cathaoir - chair
cé - who, whose
cé acu - which
cé go - although
ceacht - lesson
ceachtanna - homework
céad - hundred
ceadúnas tiománaí - driving
license
Ceanada - Canada
Ceanadach - Canadian
ceangail - fasten
ceann amháin eile - one more
ceann eile - another
ceannaigh - buy
ceannaire - leader
ceapaire - sandwich
cearnóg - square
ceart, i gceart - correct, correctly
ceathar - four
ceathrú - fourth
céim - step
ceimic - chemical, chemistry
ceimicí - chemicals
ceistneoir - questionnaire
ceol - music
chas - turned
cheana féin - already
chomh maith - too, also
chonaic - saw
chrith - shook
chuala - heard
chuir sé/sí ceist ar - asked
ciliméadar - kilometer
cinnte - sure
cistin - kitchen
citeal - kettle
ciú - queue
ciúin, go ciúin - silent, silently
cladach - shore

clann - family
clár - program
cláraigh - join
clé - left
cleas - trick
cliste - smart
cloch - stone
clós - yard
cluas - ear
club - club
cnaipe - button
cócaireacht - cooking
cócaireán - cooker
codladh - sleep
cogadh - war
cógaslann - pharmacy
coileáinín - puppy
coiriúil - criminal
comhairleach - consultant
comhairleacht - consultancy
comharsa - neighbour
comhghleacaí oibre - colleague
comhlacht - company
comhordú - co-ordination
comhthíoch - alien
comórtas - competition
conas - how
cos - foot, leg
cosain - protect
coscán - brake
costas - cost
cothú - feed
cráin dhubh - killer whale
creid - believe
críoch - finish
críochnaithe - finished
crios tarrthála - seat belts
criostal - crystal
crith - shake
cruaigh, díon, deacair - hard
crúsca - jar
cruthaitheach - creative

cuid - some
cuiditheoir - helper
cúig - five
cúig déag - fifteen
cúigiú - fifth
cuimhnigh - remembered
cuimil - rub
cuir ceist, fiafraigh, iarr - ask
cuir in iúl do - inform
cuir isteach ar - apply
cuir líne faoi - underline
cum - compose
cupa - cup
cúramach - careful
cúrsa - course
custaiméir - customer
daichead a ceathar - forty-four
Daidí - daddy
dáiríre - seriously
dála an scéil - by the way
dalta - student
daltaí - students
damhsaigh - danced
damnaigh - damn
daoine - people
dara - second
dara hainm - middle name
dáta - date
Dé Luain - Monday
Dé Sathairn - Saturday
deabhadh - rushed
deacair, cruaigh, díon - difficult
déan - do, make
déantóir - maker
dearadh - design
dearg - red
dearmad - forget
deartháir - brother
deas - nice
deich - ten
deichiú - tenth
deirfiúr - sister

d'eitil ó - flew away
d'fhan - waited
d'fhéach - looked
d'fhéadadh - could
d'fhoghlaim faoi - learned about
d'fhreagair - answered
dhá bhabhta - twice
dhéan - did
difriúil - different
díluchtaigh - unload
d'imigh - went away
díol - sell
díon - roof
díreach - just, only
diúltaigh - refuse
dlúthdhiosca - CD
do - for
dó - two
do - your
dó dhéag - twelve
dóchas - hope
dochtúir - doctor
d'oibrigh - worked
doirt - pour
domhan - world
dona, olc - bad
doras - door
dorcha - dark
dormanna - dorms
d'oscail - opened
droichead - bridge
droim - back
dubh - black
duine - human, person
duine ar dhuine - one by one
duine daoibh - either of you
duine éigin - somebody
dúirt - said
dúisigh, gabh suas - get up
dul ann ar rothar - go by bike
dul i bhfolach agus aimsigh -
hide-and-seek

dúnmharfóir - killer
dúnta - closed
DVD - DVD
é - him
é seo - this
é sin - that
é/í - it
eachtra - adventure
éadaí - clothes
eagarthóir - editor
eagla - afraid
ealaín - art
ealaíontóir - artist
éan - bird
eile - else, other
eireaball - tail
éist - listen
eitleán - airplane
eochar - key
eolas - information
fada - far, long
fadhb - problem
fág - leave
faic - nothing
faidh (briathar) - will
faigh - find, get
fáinne - ring
fan - remain, wait
faoi / faoin - under
farraige - sea
fáth - reason
féach - look
féach timpeall - look around
fear - man
fearg - angry
feic - see
féidearthach - possible
féidearthacht - possibility
féin - own
feirm - farm
feirmeoir - farmer
fiche - twenty

fiche a haon - twenty-one
fiche cúig - twenty-five
fíor - real
fir - men
fireann - male
físchaiséad - videocassette
fliuch - wet
focail - words
focal - word
foghlaim - learn
fógra - ad, advert
foireann - team
foirm - form
folamh - empty
fón - phone
forbairt - develop
fós - still, yet
fostaitheoir - employer
francach - rat
frása - phrase
freagra - answer
freastalaí siopa - shop assistant
fuacht - coldness
fuair - found
fuar - cold (adj)
fuinneamh - energy
fuinneog - window
fuinneoga - windows
gabh anuas - get off
gabh le - accompany
gach - all, every
gach aon duine - everybody
gach rud - everything
gadaí - robber, thief
gadaíocht - robbery
gaineamh - sand
gáirdín - garden
gáire - laugh
gan - without
gan aithne - unconscious
gan dabht - without a doubt
gan focal - without a word

gaoth - wind
gar - close
gar, in aice, an chéad am eile - near, nearby, next
gás - gas
géag - arm
Gearmánach - German
gearr - short
ghlan - cleaned
ghlaoigh - rang
glais lámh - handcuffs
glan - clean, wash
glantóir - washer
glaoch - call
glaoch a chuir - to phone
glaoigh ar an bhfón - call on the phone
glas - green
gléas - dressed
gléas freagartha - answering machine
glic - clever
gloine - glass
gnách - usual
gnáth - usual
gneas - sex
gnó - agency
gnólacht - firm
gnólachtaí - firms
go ciúin - quietly
go cúramach - carefully
go dtí - until
go feargach - angrily
go háirithe - especially
go léir - all
go leor - quite
go leor, an-chuid, scata - much, many
go luath - soon
go maith - good, well
go mall - slowly
go minic - often

go raibh maith - thank
go rúnda - secretly
go tobann - suddenly
goid - steal
goidithe - stolen
gol - cry
gorm - blue
gort - field
grá - love
gráin, fuath - hate
greannmhar - funny
greim - bite
grianghraf - photograph
grianghrafóir - photographer
gruaig - hair
gunna - gun
guth - voice
haileo - hello, hi
hata - hat
i - in
i bhfolach - hide
i gcoinne - against
i gcónaí - always
iad seo, iad siúd - these, those
idir - between
idir an dá linn - meanwhile
ím - butter
imigh - go away
imir - play
imirt - playing
imithe - gone
imní - worry
in aghaidh na huaire - per hour
in aice - close
in ionad - instead
ina (h)aonar - individually
iníon - daughter
Inion ní - Miss
inné - yesterday
inneall - engine
inneáltóir - engineer
inniu - today

íoc, díol - pay
íoctha - paid
iompair - transport
iontach - wonderful
iontas - surprise
iontas a chuir - to surprise
iontas ar - surprised
iriseoir - journalist
irisleabhar - magazine
is fearr - favourite
is féidir - can
is giorre - nearest
is maith - like
isteach - into
istigh - inside
ith - eat
jab - job
lá - day
labhair - speak
láidir, go láidir - strong, strongly
láidreacht - strength
laistiar - behind
láithreach - immediately
lámhach - shot
lán - full
lár - centre
lárionad siopadóireachta - shopping center
lárnach - central
las, cas ar siúl - switched on
lasmuigh - outdoors
le - with
le chéile - together
le do thoil - please
leaba - bed
leabhair le David - David's book
leabhair nótaí - notebooks
leabhar - book
leabhar nótaí - notebook
leabhragán - bookcase
leadránach - monotonous
léamh - reading

lean ar aghaidh - continue
leanaí - children
leanbh - child
leanúnach - constant
leapacha - beds
léasar - laser
leath - half
leathan, go leathan - wide, widely
leatromach - fair
leictreach - electric
léigh - read
léim - jump
leithreas - toilet
leithscéal - excuse
leon - lion
liachta - medical
liath - grey
lig - let
lig dúinn - let us
lig ort - pretend
líofacht - fluently
líon suas - fill up
liosta - list
litir - letter
loch - lake
luas - speed
luasathóir - speeder
lucht féachana - audience
má - if
mac - son
madra - dog
maidin - morning
mair - live
mair, tóg - last, take
maireachtaint - living
maith, grá - like, love
mála - bag
mam, máthair - mom, mother
maoiniú - finance
mapa - map
mar - as, because
mar, ó - as, since (kausal)

mar an gcéanna - the same
mar is gnáth - usually
mar shampla - for example
mar sin - so
marfach - deadly
máthair - mother
méadar - meter
meangadh - smile
meangadh gáire a dhéanamh - to smile
mearchlár - keyboard
measaín - machine
meastachán - estimate
Meiriceá Thuaidh agus an Eoráise - North America and Eurasia
Meiriceánach - American
mhair - lived
mharaigh - killed
mhol - recommended
mí-cheart - incorrectly
micreafón - microphone
míle - thousand
mílitheach - pale
mínigh - explain
míol mór - whale
miongháire a dhéanamh - smiled
miotal - metal
mír - lot
mise - me
mistéir - mystery
mo - mine, my
módh - method
mol - recommend
moladh - recommendation
moncaí - monkey
mór / níos mó / an ceann is mó - big / bigger / the biggest
múin - teach
múinteoir - teacher
muiscít - mosquito
ná - than
na codladh - sleeping

na coscáin a theannadh - to brake
na Stáit Aontaithe, na SAM - the United States, the USA
nach bhfuil chomh - less
nádúr - nature
naíscoil - kindergarten
náisiúntacht - nationality
naoi - nine
naoú - ninth
ní - not
ní cheart, ní chóir - must not
níl - no
níos faide - further
níos fearr - better
níos giorre - closer
níos mó - bigger, more
nóiméad - minute
nóta - note
nua - new
nuachtán - newspaper
ó - from, since, as
ó shin - ago
obair intinne - mental work
obair láimhe - manual work
ocht - eight
ochtú - eighth
ocras - hungry
óg - young
oibrí - worker
oíche - night
oideachas - education
oifig - office
oifigeach - officer
oiriúnach - suitable
OK, bhuel - okay, well
ól - drink
ola - oil
ollmhargadh - supermarket
ollscoil - college
ón - away
óráid - speech
ord - order

ós árd - aloud
oscailte - open
óstach - host
óstáin - hotels
óstán - hotel
pá - pay
páipéar - paper
páirc - park or field
páirceanna - parks or fields
páirt - part
páirt a ghlacadh - take part
paraisiút - parachute
paraisiútóir - parachutist
patról - patrol
peann - pen
pearsanta - personal
peata - pet
phasáil - passed
phioc - chose
pictiúr - picture
pinn - pens
pioc - choose
piollaire - pill
píolóta - pilot
píosa - composition
piscín - kitten
pitseáil - pitch
plainéad - planet
pláta - plate
plean - plan
póca - pocket
póg - kiss
póilín - policeman
póilíní - police
pointeáil - pointed
praghas - price
proifisiún - profession
puiscín - pussycat
rá, abair - tell, say
radar - radar
raidió - radio
rang - lass

rannpháirtí - participant
réalt - star
réiltín - asterisk
réimse - field
réiteach, freagra - solution, answer
reo - freeze
riail - rule
riamh - never
ricochet - ricochet
rince - dance
ríocht - position
riomhaire - computer
riomhchláraitheoir - programmer
ríomhphost - e-mail
rith - run
rith ó - run away
robáil - robbery
roimh - before
roinn pearsanra - personnel department
roinnt - some
roth - wheel
rothanna chun tosaigh - front wheels
rothar - bike
rothar spóirt - sport bike
rubar - rubber
rud - thing
rud éigin - something
rúibric - rubric
rún - secret
rúnaí - secretary
sábháil - save
sábhálta - safe
saghas, cinéal - kind, type
sáigh - push
sáirsint - sergeant
salach - dirty
SAM - USA
sampla - example
saol - life

saor - free
saoraigh - set free
sás láimhe fón - phone handset
sásta - satisfied
scannán - film
scannán is fearr - favourite film
scaoilte - loose
scaoll - panic
scap - spread
scéal - story
scil - skill
scipead cláraithe - cash register
scoil - school
sconna - tap
scribhneoir - writer
scríobh - write
scrios - destroy
scrúdú - test
scrúdú a chuir ar - to test
scrúdú a phasáil - to pass a test
sé - he, six
sea - yes
séabra - zebra
seacht - seven
seacht déag - seventeen
seachtain - week
seachtú - seventh
seaicéad - jacket
seans - chance
searmanas - ceremony
seas - stand
seasca - sixty
séasúr - season
seiceáil - check
seinnteoir dlúthdhioscaí - CD player
seirbheáil - serve
seirbhís tarrthála - rescue service
seirbhíseach - servant
seó aeir - airshow
seoladh - address
seolta - sent

seomra - room
seomra folctha / leithreas - bathroom, bath
seomra ranga - classroom
seomraí - rooms
séú - sixth
shroich, bain amach - arrived
sí - she
siad - they
símplí - simple
sin - that
singil - single
sinne - us, we
sinsear - elder
síol - seed
siopa - shop
siopa físeáin - video-shop
siopaí - shops
síos - down
siúil - walk
siúl - walk
sláinte - health
slán - bye, goodbye
sleamhain, gl sleamhnach - sly, slyly
slí - way
slog - swallow
smacht, rial - control
smaoineamh - idea, thinking
smaoinigh - think
snámh - swim
sneaic - snack
soghluaiste - mobile
sonas - happiness
spáinnéar - spaniel
Spáinnish - Spanish
spás - space
spásárthach - spaceship
spórt - sport
spraoi - fun
sráid - street
sráidbhaile - village

sráideanna - streets
sraithchlár - serial
srl. - etc.
srón - nose
sruth - current, flow
stad - stopped
stádas - status
staidéar - study
staighre - stairs
stáisiún traenach - railway
station
stiúir - steer
stop - stop
stuáilte - stuffed
suigh - sit
suigh síos - sit down
súil - eye
súile - eyes
suimiúil - interesting
suíochán - seat
suíomh idirlíne - Internet site
tábhachtach - important
tabhair - bring, give, hand
tabhair an bóthar do - fire
tacsaí - taxi
tafann - barked
taibhreamh - dream
taibreamh a bheith agat - to
dream
taifead - record
táim - I am
táirg - produce
taispeáin - show
taisteal - travel
taithí - experience
talamh - land
tancaer - tanker
tapaigh, go tapaigh - quick,
quickly
tar / imigh - come / go
tar éis - after, past
tar éis é sin - after that

tárlaigh - happen
tarraing - pull
tarrtháil - rescue
tasc - task
té - tea
teach - house
téacs - text
téacsleabhar - textbook
téamh suas - warm up
teanga - language
teanga dhúchais - native
language
téigh - go
téigh i gcomhairle - consult
teilifís - television
teilifíseán - TV-set
téir, imigh - head
teorainn - limit
tháining - came
thaispeáin - showed
thar, trasna - over, across
thárla - happened
theannaigh - stepped
theastaigh - wanted
thiomáin - drove
thit - fell
thóg - took
thógadh - taken
thosnaigh - began, started
thriail - tried
thug - gave
thugadh cuairt ar - visited
thuig - understood
ticéad - ticket
timpeall - about, round
timpiste - accident
tine - fire
tiogar - tiger
tiomáin - drive
tiománaí - driver
tiománaí tacsaí - taxi driver
tír - country

tirim - dry (adj)
tit - fall
tithe - fallen
tocht - mattress
todhchaí - future
tóg - take
tonn - wave
toraíocht - pursuit
tosach - front, start
tosnaigh - begin
traein - train
traenáil - train
tráth - moment
tráthnóna - evening
tréidlia - vet
treo - here
trí - three
triail - try
tríd - through
trína chéile - confused
tríocha - thirty
tríú - third
troscán - furniture

trucail - truck
tuairisceoir - reporter
tuairiscigh - report
tuig - understand
tuill - earn
tuirseach - tired
tuismitheoir - parent
tusa - you
uachtar reoite - ice-cream
uair - hour, once
uaireadóir - watch
uaireanta - sometimes
ualach - load
Uasal, an tUasal - mister, Mr.
uimhir - number
úinéir - owner
uisce - water
ullamh - ready
ullmhaigh - prepare
urlár - floor
úsáid - use
zú - zoo

English-Irish dictionary

a year ago - bliain ó shin
able - b'fhéidir
about - timpeall
accident - timpiste
accompanied - gabh le
accompany - gabh le
ad, advert - fógra
address - seoladh
adventure - eachtra
advert - fógra
afraid - eagla
after - tar éis
after that - tar éis é sin
again - arís
against - i gcoinne
age - aois
agency - gnó
ago - ó shin
agree - aontaigh
agreement - aontú
air - aer
airplane - eitleán
airshow - seó aeir
alarm - aláram
alien - comhthíoch
all - gach, go léir
along - ar feadh
aloud - ós árd
already - cheana féin
also - chomh maith
although - cé go
always - i gcónaí
American - Meiriceánach
and - agus
angrily - go feargach
angry - fearg
animal - ainmhí
another - ceann eile
answer - freagra
answered - d'fhreagair

answering machine - gléas
freagartha
any - aon
anything - aon rud
apply - cuir isteach ar
arm - géag
arrive - bain amach
arrived - shroich, bain amach
art - ealaín
artist - ealaíontóir
as - mar
as well - chomh maith
as, since (kausal) - mar, ó
ask - cuir ceist, fiafraigh, iarr
asked - chuir sé/sí ceist ar
aspirin - aspirin
asterisk - réiltín
at - ag
at first - ar dtús
at last - ar deireadh, ar a laghad
at the same time - ag an am
céanna
attention - aird
audience - lucht féachana
away - ón
back - droim
bad - dona, olc
bag - mála
bank - banc
barked - tafann
bathroom table - bord leithris
bathroom, bath - seomra folctha /
leithreas
be - bí
be ashamed - a bheith náirithe
be continued - a bheith ar
leanúint
be sorry - a bheith brónach
beautiful - álainn
because - mar

bed - leaba
beds - leapacha
beep - bíp
before - roimh
began - thosnaigh
begin - tosnaigh
behind - laistiar
believe - creid
bench - binse
better - níos fearr
between - idir
big - mór
big / bigger / the biggest - mór /
níos mó / an ceann is mó
bigger - níos mó
bike - rothar
billion - billiún
bird - éan
bite - greim
black - dubh
blank, empty - bánán, folamh
blue - gorm
book - leabhar
bookcase - leabhragán
bother - bac
box - bosca
boy - buachaill
boyfriend - buachaill
brake - coscán
bread - arán
break, pause - briseadh, sos
breakfast - bricfeasta
bridge - droichead
bring - tabhair
brother - deartháir
bus - bus
but - ach
butter - ím
button - cnaipe
buy - ceannaigh
by the way - dála an scéil
bye - slán

cable - cábla
café - caife
call - glaoch
call on the phone - glaoigh ar an
bhfón
came - tháining
can - is féidir
Canada - Ceanada
Canadian - Ceanadach
captain - captaen
car - carr
care - aire
careful - cúramach
carefully - go cúramach
cash - airgead
cash register - scipead cláraithe
cat - cat
catch - breith
CD - dlúthdhiosca
CD player - seinnteoir
dlúthdhioscaí
central - lárnach
centre - lár
ceremony - searmanas
chair - cathaoir
chance - seans
change - athraigh
check - seiceáil
chemical, chemistry - ceimic
chemicals - ceimicí
child - leanbh
children - leanaí
choose - pioc
chose - phioc
city - cathair
classroom - seomra ranga
clean, wash - glan
cleaned - ghlan
clever - glic
close - gar; in aice
closed - dúnta
closer - níos giorre

clothes - éadaí

club - club

coffee - caife

cold (adj) - fuar

coldness - fuacht

colleague - comhghleacaí oibre

college - ollscoil

come / go - tar / imigh

company - comhlacht

competition - comórtas

compose - cum

composition - píosa

computer - riomhaire

confused - trína chéile

constant - leanúnach

consult - téigh i gcomhairle

consultancy - comhairleacht

consultant - comhairleach

continue - lean ar aghaidh

control - smacht, rial

cooker - cócaireán

cooking - cócaireacht

co-ordination - comhordú

correct, correctly - ceart, i gceart

cost - costas

could - d'fhéadadh

country - tír

course - cúrsa

creative - cruthaitheach

cried - bhéic

criminal - coiriúil

cry - gol

crystal - criostal

cup - cupa

current - sruth

customer - custaiméir

dad - athair

daddy - Daidí

damn - damnaigh

dance - rince

danced - damhsaigh

dancing - ag damhsa

dark - dorcha

date - dáta

daughter - iníon

David's book - leabhair le David

day - lá

deadly - marfach

design - dearadh

destroy - scrios

develop - forbairt

did - dhéan

die - básaigh

died - bhás

different - difriúil

difficult - deacair, cruaigh, díon

dirty - salach

do - déan

doctor - dochtúir

dog - madra

doll - babóg, dollaí

door - doras

dorms - dormanna

down - síos

dream - taibreamh

dressed - gléas

drink - ól

drive - tiomáin

driver - tiománaí

driving license - ceadúnas tiománaí

drove - thiomáin

dry (adj) - tirim

DVD - DVD

ear - cluas

earn - tuill

earth - an Domhan

eat - ith

editor - eagarthóir

education - oideachas

eight - ocht

eighth - ochtú

either of you - duine daoibh

elder - sinsear

electric - leictreach
eleven - aon-dhéag
else - eile
e-mail - ríomhphost
employer - fostaitheoir
empty - folamh
energy - fuinneamh
engine - inneall
engineer - innealtóir
enjoy - bain taitneamh as
especially - go háirithe
estimate - meastachán
estimated - meastachán
etc. - srl.
evening - tráthnóna
every - gach
everybody - gach aon duine
everything - gach rud
example - sampla
excuse - leithscéal
experience - taithí
explain - mínigh
eye - súil
eyes - súile
face - aghaidh
fair - leatromach
fall - tit
fallen - tithe
falling - ag titim
family - clann
far - fada
farm - feirm
farmer - feirmeoir
fasten - ceangail
favourite - is fearr
favourite film - scannán is fearr
feed - cothú
feeling - braistint, braith
fell - thit
female - baineann
few - beagán
field - gort, réimse

fifteen - cúig déag
fifth - cúigiú
fill up - líon suas
film - scannán
finance - maoiniú
find - faigh
fine - breá
finish - críoch
finished - críochnaithe
fire - tine; tabhair an bóthar do
firm - gnólacht
firms - gnólachtaí
five - cúig
flew away - d'eitil ó
float - ag snámháil
floating - ag snámháil
floor - urlár
flow - sruth
flower - bláth
fluently - líofacht
food - bia
foot - cos
for - do
for example - mar shampla
forget - dearmad
form - foirm
forty-four - daichead a ceathar
found - fuair
four - ceathar
fourth - ceathrú
free - saor
free time - am saor
freeze - reo
friend - cara
friendly - cairdiúil
from - ó
front wheels - rothanna chun
tosaigh
front, start - tosach
full - lán
fun - spraoi
funny - greannmhar

furniture - troscán
further - níos faide
future - todhchaí
garden - gáirdín
gas - gás
gave - thug
German - Gearmánach
get - faigh
get off - gabh anuas
get up - dúisigh, gabh suas
gift - bronntanas
girl - cailín
girlfriend - cailín
give, hand - tabhair
glass - gloine
go - téigh
go away - imigh
go by bike - dul ann ar rothar
gone - imithe
good, well - go maith
goodbye - slán
great - ar fheabhas
green - glas
grey - liath
guest - aoi
gun - gunna
had - bhí
hair - gruaig
half - leath
handcuffs - glais lámh
happen - tárlaigh
happened - thárla
happiness - sonas
hard - cruaigh, díon, deacair
hat - hata
hate - gráin, fuath
have - ag
he - sé
head - téir, imigh
health - sláinte
heard - chuala
hello - haileo

help - cabhair
helper - cuiditheoir
her - a
here - treo; anseo
here is - anseo tá
hi - haileo
hid - bheith i bhfolach
hide - i bhfolach
hide-and-seek - dul i bhfolach
agus aimsigh
high - árd
him - é
his - a
hit, beat - buail, buail
home - baile
homework - ceachtanna
hope - dóchas
host - óstach
hotel - óstán
hotels - óstáin
hour - uair
house - teach
how - conas
howling - ag glamadh
human - duine
hundred - céad
hungry - ocras
I am - táim
ice-cream - uachtar reoite
idea - smaoineamh
if - má
immediately - láithreach
important - tábhachtach
in - i
incorrectly - mí-cheart
individually - ina (h)aonar
inform - cuir in iúl do
information - eolas
informed - ar an eolas
inside - istigh
instead - in ionad
instead of - in ionad

instead of you - in ionad tusa
interesting - suimiúil
Internet site - suíomh idirlíne
into - isteach
it - é/í
its - a
jacket - seaicéad
jar - crúsca
job - jab
join - cláraigh
journalist - iriseoir
jump - léim
just - díreach
kangaroo - cangarú
kettle - citeal
key - eochar
keyboard - mearchlár
killed - mharaigh
killer - dúnmharfóir
killer whale - cráin dhubh
kilometer - ciliméadar
kind, type - saghas, cinéal
kindergarten - naíscoil
kiss - póg
kitchen - cistin
kitten - piscín
knew - bhí fhios
know - bí ar an eolas faoi
know each other - aithníonn siad
a chéile
lake - loch
land - talamh
language - teanga
laser - léasar
lass - rang
last, take - mair, tóg
laugh - gáire
leader - ceannaire
learn - foghlaim
learned about - d'fhoghlaim faoi
learning - ag foghlaim
leave - fág

left - clé
leg - cos
less - nach bhfuil chomh
lesson - ceacht
let - lig
let us - lig dúinn
letter - litir
life - saol
lift - ardaitheoir
like - is maith
like, love - maith, grá
limit - teorainn
lion - leon
list - liosta
listen - éist
little - beag
live - mair
lived - mhair
living - maireachtaint
load - ualach
long - fada
look - féach
look around - féach timpeall
looked - d'fhéach
loose - scaoilte
lot - mír
love - grá
loved - bhí grá
machine - measaín
magazine - irisleabhar
make - déan
maker - déantóir
male - fireann
man - fear
manual work - obair láimhe
map - mapa
mattress - tocht
me - mise
meanwhile - idir an dá linn
medical - liachta
meet - buail
member - ball

men - fir
mental work - obair intinne
met - bhuail
metal - miotal
meter - méadar
method - módh
microphone - micreafón
middle name - dara hainm
mine - mo
minute - nóiméad
Miss - Inion ní
mister, Mr. - Uasal, an tUasal
mobile - soghluaiste
mom, mother - mam, máthair
moment - tráth
Monday - Dé Luain
money - airgead
monkey - moncaí
monotonous - leadránach
more - níos mó
morning - maidin
mosquito - muiscít
mother - máthair
moved - bhog
much, many - go leor, an-chuid, scata
music - ceol
must - ba cheart, ba chóir
must not - ní cheart, ní chóir
my - mo
mystery - mistéir
name - ainm
nationality - náisiúntacht
native language - teanga dhúchais
nature - nádúr
near, nearby, next - gar, in aice, an chéad am eile
nearest - is giorre
nearness - gar
need, want - ag teastáil
neighbour - comharsa

never - riamh
new - nua
newspaper - nuachtán
nice - deas
night - oíche
nine - naoi
ninth - naoú
no - níl
nobody - aon duine
North America and Eurasia - Meiriceá Thuaidh agus an Eoráise
nose - srón
not - ní
note - nóta
notebook - leabhar nótaí
notebooks - leabhair nótaí
nothing - faic
now - anois
number - uimhir
o'clock - a chlog
office - oifig
officer - oifigeach
often - go minic
oil - ola
okay, well - OK, bhuel
on - ar
on foot - ar chos
once - uair
one - aon
one by one - duine ar dhuine
one more - ceann amháin eile
only - díreach
open - oscailte
opened - d'oscail
order - ord
other - eile
our - ár
out of order - as ord
outdoors - lasmuigh
over, across - thar, trasna
own - féin
owner - úinéir

paid - íoctha
pail - buicéad
pale - mílitheach
panic - scaoll
paper - páipéar
parachute - paraisiút
parachutist - paraisiútóir
parent - tuismitheoir
park or field - páirc
parks or fields - páirceanna
part - páirt
participant - rannpháirtí
passed - phasáil
past - tar éis
patrol - patról
pay - pá, íoc, díol
pay attention to - aird a thabhairt
do
pen - peann
pens - pinn
people - daoine
per hour - in aghaidh na huaire
person - duine
personal - pearsanta
personnel department - roinn
pearsanra
pet - peata
pharmacy - cógaslann
phone - fón
phone handset - sás láimhe fón
photograph - grianghraf
photographer - grianghrafóir
phrase - frása
picture - pictiúr
pill - piollaire
pilot - píolóta
pitch - pitseáil
place - áit
plan - plean
planet - plainéad
plate - pláta
play - imir

playing - imirt
please - le do thoil
pocket - póca
pointed - pointeáil
Poland - an Pholainn
police - póilíní
policeman - póilín
poor - bocht
position - ríocht
possibility - féidearthacht
possible - féidearthach
pour - doirt
prepare - ullmhaigh
press - bruigh
pretend - lig ort
price - praghas
problem - fadhb
produce - táirg
profession - proifisiún
program - clár
programmer - riomhchláraitheoir
protect - cosain
publishing - ag foilsiú
pull - tarraing
puppy - coileáinín
pursuit - toraíocht
push - sáigh
pussycat - puiscín
put on - a chur ort
questionnaire - ceistneoir
queue - ciú
quick, quickly - tapaigh, go
tapaigh
quietly - go ciúin
quite - go leor
radar - radar
radio - raidió
railway station - stáisiún
traenach
rain - báisteach
rang - ghlaoigh
rat - francach

read - léigh
reading - léamh
ready - ullamh
real - fíor
really - an-
reason - fáth
recommend - a mholadh, mol
recommendation - moladh
recommended - mhol
record - taifead
red - dearg
refuse - diúltaigh
rehabilitate - athshlánaigh
rehabilitation - athshlánú
remain - fan
remembered - cuimhnigh
report - tuairiscigh
reporter - tuairisceoir
rescue - tarrtháil
rescue service - seirbhís tarrthála
ricochet - ricochet
right - ar dheis
ring - fáinne
road - bóthar
robber - gadaí
robbery - gadaíocht, robáil
roof - díon
room - seomra
rooms - seomraí
round - timpeall
rub - cuimil
rubber - rubar
rubric - rúibric
rule - riail
run - rith
run away - rith ó
running - ag rith
rushed - deabhadh
sad - brón
safe - sábhálta
said - dúirt
sand - gaineamh

sandwich - ceapaire
satisfied - sásta
Saturday - Dé Sathairn
save - sábháil
saw - chonaic
say - abair
school - scoil
sea - farraige
seashore - cladach
season - séasúr
seat - suíochán
seat belts - crios tarrthála
second - dara
secret - rún
secretary - rúnaí
secretly - go rúnda
see - feic
seed - síol
seldom - annamh
sell - díol
sent - seolta
sergeant - sáirsint
serial - sraithchlár
seriously - dáiríre
servant - seirbhíseach
serve - seirbheáil
set free - saoraigh
seven - seacht
seventeen - seacht déag
seventh - seachtú
sex - gneas
shake - crith
she - sí
sheet - bileog
ship - bád
shook - chrith
shop - siopa
shop assistant - freastalaí siopa
shopping center - lárionad
siopadóireachta
shops - siopaí
shore - cladach

short - gearr
shot - lámhach
show - taispeáin
showed - thaispeáin
silent, silently - ciúin, go ciúin
silly - amaideach
simple - símplí
since, as - ó
sing - can
single - singil
siren - bonnán
sister - deirfiúr
sit - suigh
sit down - suigh síos
situation - cás
six - sé
sixth - séú
sixty - seasca
skill - scil
sleep - codladh
sleeping - na codladh
slightly - beagán
slowly - go mall
sly, slyly - sleamhain, gl
sleamhnach
small - beag
smart - cliste
smile - meangadh
smiled - miongháire a dhéanamh
snack - sneaic
so - mar sin
solution, answer - réiteach,
freagra
some - cuid, roinnt
somebody - duine éigin
something - rud éigin
sometimes - uaireanta
son - mac
soon - go luath
space - spás
spaceship - spásárthach
spaniel - spáinnéar

Spanish - Spáinnish
speak - labhair
speech - óráid
speed - luas
speeder - luasathóir
spend - caith
sport - spórt
sport bike - rothar spóirt
spread - scap
square - cearnóg
stairs - staighre
stand - seas
standard - caighdeán
star - réalt
started - thosnaigh
status - stádas
steal - goid
steer - stiúir
step - céim
stepped - theannaigh
still - fós
stinking - boladh dona
stolen - goidithe
stone - cloch
stop - stop
stopped - stad
story - scéal
strange - aisteach
street - sráid
streets - sráideanna
strength - láidreacht
strong, strongly - láidir, go láidir
student - dalta
students - daltaí
study - staidéar
stuffed - stuáilte
suddenly - go tobann
suitable - oiriúnach
supermarket - ollmhargadh
sure - cinnte
surprise - iontas
surprised - iontas ar

swallow - slog
swim - snámh
switched on - las, cas ar siúl
table - bord
tables - boird
tail - eireaball
take - tóg
take part - páirt a ghlacadh
taken - thógadh
talk - caint
tanker - tancaer
tap - sconna
task - tasc
tasty - blasta
taxi - tacsaí
taxi driver - tiománaí tacsaí
tea - té
teach - múin
teacher - múinteoir
team - foireann
telephone - fón
television - teilifís
tell, say - rá, abair
ten - deich
tenth - deichiú
test - scrúdú
text - téacs
textbook - téacsleabhar
than - ná
thank - go raibh maith
that - é sin
that - sin
the host family - an clann óstaigh
the same - mar an gcéanna
the United States, the USA - na Stáit Aontaithe, na SAM
their - a
then - ansin
there - ansin
these, those - iad seo, iad siúd
they - siad
thief - gadaí

thing - rud
think - smaoinigh
thinking - smaoineamh
third - tríú
thirty - tríocha
this - é seo
this stuff - an stuif seo
thousand - míle
three - trí
through - tríd
ticket - ticéad
tiger - tiogar
time - am
tired - tuirseach
to brake - na coscáin a theannadh
to dream - taibreamh a bheith agat
to pass a test - scrúdú a phasáil
to phone - glaoch a chuir
to smile - meangadh gáire a dhéanamh
to surprise - iontas a chuir
to test - scrúdú a chuir ar
today - inniu
together - le chéile
toilet - leithreas
tomorrow - amárach
too, also - chomh maith
took - thóg
town - baile
toy - bréagán
train - traein; traenáil
translator - aistritheoir
transport - iompair
travel - taisteal
trick - cleas
tried - thriail
trousers - brístí
truck - trucail
try - triail
turn - cas
turn off - cas amach

turn on - cas ar siúl
turned - chas
TV-set - teilifíseán
twelve - dó dhéag
twenty - fiche
twenty-five - fiche cúig
twenty-one - fiche a haon
twice - dhá bhabhta
two - dó
unconscious - gan aithne
under - faoi / faoin
underline - cuir líne faoi
understand - tuig
understood - thuig
unload - díluchtaigh
until - go dtí
us - sinne
USA - SAM
use - úsáid
usual - gnách
usually - mar is gnáth
very - an-
vet - tréidlia
videocassette - físchaiséad
video-shop - siopa físeáin
village - sráidbhaile
visited - thugadh cuairt ar
voice - guth
wait - fan
waited - d'fhan
walk - siúil
walking - siúl
wanted - theastaigh
war - cogadh
warm - bog
warm up - téamh suas
was - bhí
wash - glan
washer - glantóir
watch - uaireadóir
water - uisce
wave - tonn

way - slí
we - sinne
weather - aimsir
week - seachtain
went away - d'imigh
were - bhí
wet - fliuch
whale - míol mór
what - cad
wheel - roth
when - cathain
where - cá
which - cé acu
while - agus é ag
white - bán
who - cé
whose - cé
wide, widely - leathan, go leathan
will - faidh (briathar)
wind - gaoth
window - fuinneog
windows - fuinneoga
with - le
without - gan
without a doubt - gan dabht
without a word - gan focal
woman - bean
wonderful - iontach
word - focal
words - focail
worked - d'oibrigh
worker - oibrí
working - ag obair
world - domhan
worry - imní
write - scríobh
writer - scribhneoir
wrote - scríobh
yard - clós
year - bliain
yellow - buí
yes - sea

yesterday - inné
yet - fós
you - tusa
young - óg

your - do
zebra - séabra
zoo - zú